亡国の歴史教科書

東京書籍は「民族の記憶」を忘れさせる

井上寛康

展転社

はじめに

なぜ中学校歴史教科書か

歴史教科書は国民に民族の記憶を伝える重要な任務があります。日本人としての自覚を持ち始める中学生の年頃に、自分が生まれた国・日本がいかなる国であるかを知らしめることは極めて大切です。

一万六千年位前の日本列島に日本人だけが住んでいました。それから縄文時代という長い年月を経《へ》て、上品な言語や優美な情緒《じょうちょ》を持つ独自の文明を熟成《じゅくせい》しました。一万年以上も一所《ひとところ》に共に暮らして来た我が民族は、一つの家族のようなものです。そして、異民族支配を蒙《こうむ》らなかったことにより、他国に比べて身分差がずっと少ない緩《ゆる》やかな社会を形成することができました。

物心《ものごころ》が付き始める中学校の子供たちに、日本は良い国、素晴らしい国と気付かせ、日本人に生まれて良かったと思う誇りと感謝の心を懐《いだ》かせなくてはいけません。我が国の歴史は脚色《きゃくしょく》なしで、事実をありのままにそのまま教えても、日本は素晴らしい国、世界に誇れる国と自然に納得できます。そして、日本に誇りを持ち、この良い国を築《きず》き遺《のこ》してくれた先人《せんじん》に倣《なら》って、自分に続く後の世代にも良き日本を遺して行こうという気概《きがい》を持たせること、これが中学生の子供たちに我が国の歴史を教える要《よう》目《もく》です。

しかるに、現今の中学校歴史教科書は日本を誇りを持てる国とは教えていません。反対に日本を悪い国と教えています。第一に日本は昔から支配者階級と被支配者階級があって、弱い立場の庶民は支配者によって虐《いじ》められて来た差別の国、第二に日本は侵略国家、他国を占領・支配し、悪事を働いた国と教えられます。後述するように、これは間違いです。

教科書は国の検定に合格しているのだから、嘘は書いてないと考えては不覚《ふかく》です。歴史教科書は右（保守）か左（リベラル）かで、左の言い分を少し多めに採用して書かれているのだろうと考えている人も手抜《てぬ》かりです。中学校歴史教科書は日本人の手を離れてどこか他所《よそ》の国に乗っ取られているのではないかと私は推測しています。安倍晋三前首相は「子供たちに子孫への謝罪の運命を背負わせてはならない」と仰《おっしゃ》って、世界の日本に対する歴史認識を随分改善しました。しかし、残念ながら歴史教科書は手付《てつ》かずのままです。教科書は子々孫々世界に謝罪しなければならないと教えています。

民族の記憶は民族の気概

本書は「民族の記憶」を主要な一つの主題としています。この「民族の記憶」という概念に思い当たったのは、幕末維新の時、水戸藩主徳川斉昭《なりあき》や、吉田松陰、横井小楠《しょうなん》などの志士たちが神功皇后《じんぐうこうごう》の三韓征伐《さんかんせいばつ》を始め、蒙古を撃退した元寇、秀吉の朝鮮征伐に言及し、日本開国の指針にしていることを知ったからです。この時代の国の指導者たちは、先祖が外国と戦って勝った民族の記憶をしっかり持っていました。幕末、白人が日本に押し寄せて来て、あわや日本が植民地に堕《お》とされようとする危機に際した時、植民地に堕《お》とされないだけでなく、我が国も国力を増して軍事力を強化し、西洋列強と比肩《ひけん》する強国になる方策を思い描きました。神功皇后の三韓征伐や元寇、秀吉の朝鮮征伐の武威《ぶい》を思い起せば、同じことができるはずと露疑《つゆ》いませんでした。民族の記憶は民族の精神を養い、民族をその民族たらしめる不可欠の要素、そしてそれは民族の気概です。民族の記憶の喪失《そうしつ》は亡国への道です。

大和《やまと》民族は大和民族の記憶を持ち、他国はそれぞれその国の記憶を持っています。我が民族の記憶は第一に神話です。天孫降臨の神話を自分たちの先祖の物語として同じくするものが大和民族です。日本人以外の民族は天孫降臨の物語を先祖の物語と見做《みな》しません。彼らには彼らの国を始めた先祖の物語があります。

今、神話を建国の物語として持つ国民は、世界にどれだけあるでしょうか。寡聞《かぶん》にして知りません。建国神話で語られる神の御子孫が我が皇室です。そして、人皇《じんこう》初代神武《じんむ》天皇から代々直系男子を以《もっ》て御位を御継《おつぎ》になって、今や百二十六代目の天皇がいらっしゃいます。こんな国は世界中にたった一つ、日本しかありません。これこそ、我が民族、我が国の最大の誇りであり、最も大切な第一の記憶です。東京書籍は民族の起源を物語る神話を子供たちの心から消し去ろうとしています。

日本は万世一系の天皇が治める国

日本は如何なる国かと問われれば、戦前であれば「万世一系の天皇が治める国」と、一人残らず答えました。しかし、今はそう答えられる人は稀《まれ》になってしまいました。「日本は万世一系の天皇が治める国」と答えられない原因はどこにあるのでしょうか。このことが、一介《いっかい》の市井人《しせいじん》に過ぎない私が、拙文を世に問おうとする動機の一つです。

中学校歴史教科書の中で、全国で約五割の市場占有率を持つ東京書籍を論難《ろんなん》します。東京書籍は神話を国の始まりとして教えていません。何と「神武天皇」という御名が一つも書いてありません。巻末の人名索引にもありません。中世まで国の政治を執《と》った藤原氏の祖、藤原鎌足は載《の》っています。鎌倉幕府を開いた初代将軍源頼朝も、徳川幕府の初代将軍徳川家康も載っています。けれども、日本の国を肇《はじ》めた初代神武天皇の御名が載っていません。国家が編纂《へんさん》した正史である日本書紀は、神武天皇を初代天皇としています。それは神話に過ぎない、実在の証拠がないので教科書に載せられないと主張する人がいるかも知れません。しかし、日本の正史に載っており、日本人が二千年間信じていたことを、今になって証拠云々《うんぬん》など論《あげつら》うことは大人《おとな》げありません。我が天皇の御祖先が神話によることこそが我が民族の誇り、民族の最も大切な記憶です。

民族の記憶は個々の人の命よりもずっと大切です。「命より大切なものはない」などと一部の政党、世間やマスコミが言い立てますが、これは日本人の背骨を抜く策略です。日本人が民族の記憶を忘れてしまえば、日本はいつか滅びます。民族の記憶は民族の気概です。気概を失った日本は、いつしか隣国かどこかの国に呑《の》み込まれてしまうでしょう。命より大切なことは、先輩から受け継いだこの国を子孫にしっかり受け渡すことです。東京書籍など多くの中学校歴史教科書には、その気概を少しも感じません。むしろ反対にその記憶や気概を消してしまおうという作意を感じます。

浅学菲才《せんがくひさい》の私が恥を忍んで拙著を世に出して、皆様に訴えたいことはこのことです。

東京書籍は日本の誇り七分を教えない

民主社会党（民主党ではありません）の委員長であった塚本三郎先生から教えていただいたことがあります。「世の中のことを、仮に七対三とする。もしマスコミが七を隠し三ばかりを報道したら、世の中の認識はひっくり返ってしまう」。マスコミという言葉を歴史教科書という言葉に置き換えて下さい。良い国日本を反対に悪い国日本と教えることになってしまいます。現行の歴史教科書は三分の悪いことばかりを書き、七分を書きません。加えて、嘘を混ぜた巧妙な表現や文章運びで中学生を欺《あざむ》き、あらぬ方向へ誘導しています。現行の中学校歴史教科書で学ぶ中学生諸君が、拙著を横において対照して読んで下さることを希望します。

以下、令和元年度検定済みで、令和三年四月から子供たちが学び始めた東京書籍中学校歴史教科書を批判します。自由社と育鵬社を除けば、その他の教科書も東京書籍と五十歩百歩と推定しますから、本書の東京書籍批判は他社の教科書にも通用すると思います。これら歪《ゆが》んだ歴史教科書で学んで、日本を悪い国、先祖は悪い人と信じ込まされた子供たちが毎年毎年百万人も世に送り出されていくことを思うと、寒々とした感に襲《おそ》われます。

目次

第三章　近世

第四章　近代

カバーデザイン　クリエイティブ・コンセプト（江森恵子）

第一章　古代

初代神武天皇の記載がない

東京書籍は我が国初代天皇である神武天皇を一つも書いていません。神武天皇を書かない東京書籍はおかしな歴史教科書です。五十四頁に次のように書いています。

【現代に生きる神話】
アマテラスの孫のニニギが日向《ひゅうが》（宮崎県）の高千穂《たかちほ》に降り（天孫降臨）、さらにその子孫がヤマトに入り（神武東征《じんむとうせい》）、初代の天皇として即位《そくい》したと伝えられています

「神武天皇」とは書いていません。子供たちが海外に留学した際などに、外国人から「日本には古くから天皇がいらっしゃるようだが、初代天皇は誰ですか」と問われた時、「神武天皇」であると答えられません。「今の天皇陛下は何代目ですか」と問われた時も「第百二十六代です」と答えられません。我が国の歴代の天皇の中で、教科書に登場する最初のお方は三十六頁の第三十三代推古《すいこ》天皇です。第十六代仁徳天皇は三十四頁の図に「大仙《だいせん》古墳（仁徳陵《にんとくりょう》古墳）」と書き、仁徳天皇の御名はありません。徳川家は百十五頁に将軍の系図を載せ、初代の家康から最後の十五代慶喜まで全員の名前を列挙し、文中では「第3代将軍徳川家光」「第5代将軍徳川綱吉」など、代も明示しています。なぜ、徳川将軍よりもずっと大切な天皇の代を書かないのでしょうか。宮内庁のＷＥＢサイトには歴代天皇の系図

が掲載されており、初代神武天皇から第百二十六代今上《きんじょう》天皇まで、代と天皇の御名がきちんと掲示されています。歴史教科書であれば、天皇の系図を全部掲載すべきです。この系図を見るだけでも、日本はすごい国だと、子供たちに分かります。

東京書籍は何ヶ所もその時代の天皇や藤原氏などの系図を掲載しています。その図の中に出て来る天皇の代は、初代神武天皇から数えた代ではなく、その図の中の最初に書かれる天皇のお名前の上に①と書きます。子供たちはその天皇が初代神武天皇から数えて何代目なのか分からないようになっています。三十七頁にある「スキル・アップ9系図を読み取ろう」では、①欽明《きんめい》、②敏達《びたつ》、③用明《ようめい》という具合です。欽明天皇を第二十九代の天皇であると書けば、子供たちはでは初代の天皇は誰であろうかと、素直な疑問を生じ、調べてみようという気を起こすでしょう。東京書籍は代々続いて来た我が国の天皇の存在を薄くしたいのでしょうか、「代」を書きません。

万世一系の天皇は我が民族の誇り、最も大切な民族の記憶です。これを教えない歴史教科書は日本の歴史を教える教科書として不適格です。

神話を神話として教えない

東京書籍は民族の記憶である神話を、子供たちにどのように教えているのでしょうか。

神話について「もっと歴史 現代に生きる神話」の中で、五十四頁から五十五頁で記紀神話を少しばかり紹介していますが、その記載場所は平安時代の後です。古事記と日本書紀の神話は建国神話ですから、初代神武天皇の所に置くべきです。神話を初代天皇から切り離して教える理由は、建国の物語としてではなく、単なる民話と同列に位置付ける下心です。国の始まりを神話で物語ることこそが、我が国の誇りです。それ程日本は古い国、世界で一番古い国、世界で一番古い王家・天皇の国。このことを子供たちが知れば誇りに思います。

神話に始まり今もそのまま受け継がれている三種神器《さんしゅのしんき》を、東京書籍は教えていません。三種神器は、天孫降臨の際に天照大御神《あまてらすおおみかみ》が瓊瓊杵尊《ににぎのみこと》に授《さず》けた八咫鏡《やたのかがみ》と八尺瓊勾玉《やさかにのまがたま》、それに須佐之男命《すさのおのみこと》が八岐大蛇《やまたのおろち》を退治した時に得た天叢雲剣《あめのむらくものつるぎ》（草薙剣《くさなぎのつるぎ》ともいう）の三つです。「はじめに」で述べた、七分三分のその大切な七分を教えていません。令和元年五月、太上天皇《だいじょうてんのう》（上皇）陛下は今上《きんじょう》陛下に御譲位《ごじょうい》になられました。その最初の最も重要な践祚《せんそ》の儀で、今上陛下は三種神器を太上天皇陛下から譲り受け、御身に添えられました。三種神器を御身に添うことが天皇の御位に就いた御璽《みしるし》です。以後、三種神器は崩御《ほうぎょ》もしくは御譲位になられるまで、身近にお置きになられます。天照大神の神勅「吾《あ》が兒《みこ》、此の宝鏡《たからのかがみ》を視《み》まさむこと、當《まさ》に吾《あれ》を視るがごとくすべし。興《とも》に床《みゆか》を同じくし、殿《みあらか》を共《ひとつ》にし、以《もっ》て斎鏡《いわいのかがみ》と為《な》すべし」とあるように、天皇は常に同床共殿《どうしょうきょうでん》に奉じておられます。現在は伊勢神宮へ御親拝になられるときだけお持ちになられますが、戦前は皇居を一日でもお留守にされるときは、この御剣と勾玉を御身に添えてお出掛けになられました。二千年前の御祖先・神武天皇からずっと守り続けて来た天皇の仕来《しきた》りです。世界中でこんな国、こんな元首がいるでしょうか。

天照大御神様がお命じになってから、百二十六代に亘ってこの神勅を守り通して来ました。これからの天皇も遵守《じゅんしゅ》なさるでしょう。天照大御神様と代々の天皇との間の違《たが》えることができない約束です。

古代における日本と朝鮮半島の深い係り

東京書籍の歴史教科書は、古代における日本と朝鮮半島との関係を粗略に書き飛ばしています。戦前は尋常《じんじょう》小学校の子供でも知っていた神功《じんぐう》皇后の三韓征伐や、朝鮮半島南部に任那《みまな》日本府という日本の拠点があったことなどが書いてありません。これらのことは幕末維新の志士たちが日本の将来像を描くとき、彼らの頭の中に民族の記憶として確固としてありました。子供たちに民族の記憶としてしっかり伝えておくべき歴史です。東京書籍は全く無視しています。

東京書籍の記述は三十五頁、小見出しは「中国・朝鮮半島との交流」です。

【中国・朝鮮半島との交流】

5世紀から6世紀にかけて、中国は南朝と北朝とに分かれて対立し（南北朝時代）、朝鮮半島では、**高句麗《こうくり》**・**百済《くだら》**・**新羅《しらぎ》**が勢力を争いました。大和政権は、朝鮮半島南部の**伽耶《かや》地域**（**任那《みまな》**）の国々や百済《ひゃくさい》と交流が深く、その援軍《えんぐん》として、高句麗や新羅《しんら》と戦うことがありました。大和政権の王たち（倭《わ》の五王）は、たびたび中国の南朝に朝貢《ちょうこう》し、国内での地位をより確かなものにするとともに、朝鮮半島の国々に対しても有利な立場に立とうとしました。
朝鮮半島からは、戦乱の影響《えいきょう》もあり、日本列島に一族で移り住む人々（**渡来人**《とらいじん》）が増えました。渡来人は、高温で焼いた黒っぽくかたい土器（須恵器《すえき》）を作る技術や、かまどを使う生活文化を伝えました。また、漢字や儒学《じゅがく》、さらには6世紀半ばに仏教を伝え、いずれもその後の日本の文化や信仰の一部となっていきました。大和政権は渡来人を盛んに採用し、書類の作成や財政の管理などを担当させました。

この昔、朝鮮半島は国家間の複雑な絡《から》み合いがありました。朝鮮半島南部にあった日本人が居住する加羅、任那にあった国々、高句麗・新羅・百済の三国間の抗争、日本と中国大陸の諸王朝からの朝鮮半島への影響力行使、日本の保護国百済からの軍事支援要請と出兵、そして任那日本府の喪失です。東京書籍の記述は粗略《そりゃく》に過ぎ、子供たちに歴史の教訓を与えられません。日本が朝鮮半島三国間の抗争に深入りし、遂に任那日本府を失ったことを歴史の教訓として教えるべきです。

(1) 遙《はる》か昔から日本人（縄文人）が朝鮮半島南部（任那）に進出していた

大昔、朝鮮半島に日本から縄文人が移り住んでいました。居住していた証拠である縄文式土器が朝鮮半島南部から出土しています。鉄器を使用する時代になると、鉄の原料を産出する朝鮮半島南部は重要な地域になりました。縄文人の子孫で、恐らく日本語（縄文語）を話す日本人が、加羅や任那にあった諸国家群を形成し、日本と密接な関係を持っていました。任那の故地には、五世紀後半から六世紀前半に造られた大和朝廷固有の墳墓《ふんぼ》である前方後円墳が十四基残っています。*1 この地域が大和朝廷の影響下にあった証拠です。前方後円墳には日本から派遣された執政官《しっせいかん》などの、日本と非常に関係の深い任那の人が葬られたはずです。

韓国人は前方後円墳が韓国内にあることが気に食わないことと見え、前方後円墳の固城松鶴古墳を壊して小山が三つある形に作り変えてしまいました。大平裕氏の著書に改竄《かいざん》前（一九九六年撮影）と改竄後（二〇一二年撮影）の比較写真が載っています。*2

（2）朝鮮半島三国の抗争と日本との関係

朝鮮半島は加羅・任那に加え、高句麗、新羅、百済の三国が鼎立《ていりつ》していました。高句麗は満洲にあった民族が鴨緑江《おうりょくこう》を南北に挟んで国を興した軍事力に秀《ひい》でた強国でした。新羅と百済を圧迫し、次第に領土を南へ拡大していきました。任那と密接な関係を持つ日本は、新羅や百済の両国と同盟・支援・反逆を繰り返しながら、高句麗と対峙《たいじ》しました。好太王の碑文には新羅が日本の臣下になったことが記されています。日本書紀には日本にいた百済の王族が母国に帰って国王になったことが記録されています。これらのことから、日本は三国から朝貢や人質を受ける東アジアの大国として、朝鮮半島に関与していたことが分かります。その後、中国大陸の随や唐が朝鮮半島に軍事力を行使するようになると、百済や新羅に加え高句麗も日本に誼《よしみ》を求めました。日本は軍事支援を求められる大国でした。

取分け百済は、皇子を人質として日本へ預けるなど、百済は日本の保護国のような立場にありました。七世紀中葉、百済は唐・新羅連合軍に攻められ国家滅亡の瀬戸際にあって、日本に軍事支援を要請しました。日本は救援軍を派遣し、唐・新羅連合軍と戦争しました。この戦いを白村江《はくすきのえ》の戦いといいます。残念ながら日本はこの戦いに敗れ、朝鮮半島から完全撤退を余儀《よぎ》なくされました。この時、多数の百済人が難民として日本に保護を求めて逃げて来ました。

東京書籍は「朝鮮半島からは、戦乱の影響もあり、日本列島に一族で移り住む人々（**渡来人**）が増えました」と書くだけで、歴史的事件の因果関係を理解できません。事件の因果関係を教えることこそが歴史を教える大切な眼目《がんもく》です。

（3）日本における権威付のために冊封《さくほう》を受けたのではない

東京書籍は「大和政権の王たち（倭の五王）は、たびたび中国の南朝に朝貢し、国内での地位をより確かなものにするとともに、朝鮮半島の国々に対しても有利な立場に立とうとしました」と書き、国内の諸豪族たちの上に立つために、中国の朝貢冊封国家になったと教えたいようですが、これは間違っています。

大和朝廷はこの時期、既に国家基盤を確立しており、国内向けに権威を外国に保証してもらう必要などはありませんでした。[*3] 四七八年に雄略《ゆうりゃく》天皇が中国の王朝の宋からもらった称号は「使持節・都督倭 新羅 任那 加羅 秦韓 慕韓 六国諸軍事・安東大将軍・倭王」、即ち、朝鮮半島六ヵ国を統《す》べる大将軍である倭王（日本国王）です。この長たらしい名前は国内向けではなく、朝鮮半島に対する権威付です。

（4）日本は軍事支援の対価として朝鮮から文物を入手した

日本は軍事支援によって、朝鮮半島三国から様々の技術や知識を獲得しました。東京書籍は朝鮮人が見返りなしに、善意、無償で日本へ移住して来て技術や文化を伝えたかのように書いていますが、朝鮮人は技術などを教えるためにわざわざ来日したのではありません。難民として移住して来たのです。彼等は生きていく糧《かて》を稼ぐために、持てる技術を生活の資《し》に充《あ》てました。

東京書籍は「かまどを使う生活文化を伝えました」と書いています。竈《かまど》を使って煮炊《にた》きすることなんぞを「生活文化」などと、ことさらに大層《たいそう》に取り上げて、日本人に教えたと恩着《おんき》せがましく書くべきことでしょうか。食生活の大革新は土器を用いて煮炊きを可能にしたことです。煮炊きによって、人は消化摂取できる食物材料の範囲を大幅に広げ、保存も可能にしました。縄文土器を用いて煮炊きする技術は日本が世界最古です。煮炊きして食べる食文化こそ、日本人が朝鮮人に教えたとも言えます。東京書籍は何としても「朝鮮人が日本人に教えた」ことを誇張したいようです。

（5）仏教は日本に伝来したのではなく献上《けんじょう》された

難民の他にも日本に来た人たちがいました。日本からの軍事支援や友好の見返りに、三国が日本へ奉《たてまつ》った一流の学者や技術者たちです。彼等は行政技術や仏教経典などを以て朝廷に奉仕しました。聖徳太子の仏教の師である高句麗僧の慧慈《えじ》や千字文《せんじもん》を献上した百済の王仁《わに》のような人たちです。彼らは故国の利を図る外交官を兼ねていたはずです。物事の因果関係を教えることが歴史教育の目的ですが、東京書籍は関心が薄く、日本は朝鮮から文物や技術などを教えてもらったことだけを強調したいようです。

東京書籍は六世紀に「仏教を日本に伝え」たと書いていますが、伝えたのではなく外交の贈り物として百済王家が天皇に献上したのです。この時代、仏教を信仰する人は、朝鮮と行き来して仏教を信仰し始めたほんの一部の日本人か、あるいは朝鮮から移住して来た朝鮮人の仏教徒しかいませんでした。仏教は庶民にとって別世界のことで、仏教伝来は一般大衆を教化《きょうげ》する目的はありませんでした。仏教は東アジア諸国の王室外交の贈り物でした。きらきら光る仏像や飾り物、それらを収容するための建築物及びそれらの製作技術者、経典とその解説者としての僧侶など、これら一式を国王から国王へ献上し或《ある》いは下賜《かし》しました。百済は日本からの軍事援助の見返りに、これら仏教一式を天皇に献上しました。時の欽明《きんめい》天皇は国家としての受取りを拒否し、一豪族の蘇我氏へ下賜《かし》しました。*4

朝鮮半島情勢と日本との関係を掘り下げて説明しなければ、朝鮮半島から進んだ技術や仏教が伝来した理由を理解できません。また、朝鮮半島の一国に深く肩入れし、結局は朝鮮半島からの撤退を余儀なくされた日本の失策も教えておくべきです。歴史は鏡です。現今、朝鮮半島や東アジアの国際情勢を考えさせるため材料として歴史的事例を中学生に与えておくことは、日本のためです。

（６）神功皇后の三韓征伐

東京書籍の歴史教科書は、七分三分の七分、神功皇后の三韓征伐に全く触れていません。三韓征伐は民族の記憶です。遥《はる》か大昔、女性の神功皇后が神託によって、鎧《よろい》を身に纏《まと》い自ら大軍を率《ひき》いて海を越えて朝鮮半島に攻め入り、そして、たちまち新羅を打ち破って、百済と高句麗に朝貢を約束させました。痛快ではありませんか。どの位の軍勢が、どのような船で海を渡り、どんな武器を携えて、いかなる作戦を立てて敵を破ったのか、大人だって興味を唆《そそ》ります。東京書籍は神功皇后の三韓征伐を全く書いていません。江戸時代から明治にかけて作られた鎧姿の神功皇后の土人形が日本各地に残っています。神功皇后の三韓征伐は民族の記憶です。

東京書籍を支持する人は、神功皇后の三韓征伐などは架空《かくう》の物語に過ぎず、証拠のないことは歴史教科書には書けないと主張するでしょう。こういう人は、真実と事実の違いを弁《わきま》えない人たちです。三韓征伐の後、新羅や百済は大和朝廷へ貢物《こうもつ》を奉っていることがその証拠です。大昔から日本人はこれを本当にあった事と信じていました。幕末の志士吉田松陰が朝鮮経略を構想する基になっていました。国家が編纂《へんさん》した正式の歴史書である日本書紀に記録されています。これを全く消し去ることは暴挙です。

（７）広開土王碑（好太王碑）は日本の武威の証拠

東京書籍は三十五頁の欄外に、次の通り書いています。

高句麗の王の功績をたたえる好太王《こうたいおう》（広開土王《こうかいどおう》）碑《ひ》には、高句麗と新羅が、朝鮮半島にやってきた倭《わ》の軍と戦ったことが記されています。

参考に、平成二十七年度に検定を合格した、一つ前の教科書の本文は次の通りです。

高句麗と、4世紀ごろにおこった百済、新羅の三国が、たがいに勢力を争いました。大和政権は、百済や伽耶地域（任那）の国々と結んで、高句麗や新羅と戦ったことが、好太王（広開土王）碑に記されています。

今回の新しい方の教科書は、「朝鮮半島にやってきた倭の軍」と書くだけで、日本と百済や任那との同盟を省《はぶ》いています。そのため朝鮮を侵略しに行ったと誤解しかねない表現になっています。また、「倭の軍」でなく、「日本軍」と書くべきです。

好太王碑は、遠い昔日本が海を越えて朝鮮半島内部深く侵攻して、朝鮮半島諸国と戦ったことを証拠立てる碑文です。東京書籍は日本軍の強さを示す歴史的事実を子供たちに教えたくないのか、段々その記述が薄くなっています。

【まとめ】

高句麗、新羅、百済の三国鼎立《ていりつ》そして任那日本府、それら諸国間の抗争や、その抗争に大きな影響を及ぼした中国の諸王朝と日本、それらの国々との日本の係り合いは、現在にも通用する国際関係を考察する格好《かっこう》の教材です。年表の事件を文章に置き換えて書き並べただけの東京書籍の記述では、子供たちは国際関係の複雑さの一斑《いっぱん》にも触れられません。

また、東京書籍は子供たちに朝鮮人は善意・無償で日本人に技術や文化を伝えたとする誤った朝鮮人観を与えています。他国に無償で技術や文化を与える国はありません。何がしかの見返りがあって行うものです。日本は朝鮮から文物を得るために、軍事支援という代価を払いました。

朝鮮半島の勢力均衡《きんこう》が崩《くず》れ、北部に位置した高句麗が百済を攻めるために南下を始めた時、朝鮮半島に進出していた日本が、同盟関係にあった百済から軍事支援要請を受けて半島へ出兵したこと、日本は朝鮮半島に大軍を送る国力を有していたこと、そして、日本は朝鮮半島内の勢力争いに引き摺《ず》り込まれて、結果として任那日本府を失うという手痛い損害を被ったことを、子供たちに教えるべきです。歴史的事件とその因果関係を理解することが歴史を学ぶ眼目です。東京書籍は因果関係を書かないので、子供たちは日本が侵略目的で出兵したと誤解しかねません。東京書籍の記述は歴史教科書として失格です。

＊1：『天皇の国史』竹田恒泰著、ＰＨＰ
＊2：『知っていますか、任那日本府』大平裕著、ＰＨＰ

＊3：『天皇の国史』竹田恒泰著、PHP
＊4：『仏教伝来と古代日本』田村圓澄著、講談社学術文庫

我が国の歴史から聖徳太子を抹殺《まっさつ》しようとする

東京書籍は「聖徳太子」を日本人の記憶から消してしまおうという、悪意を潜《ひそ》ませた記述です。聖徳太子は少し前まで、最高額の紙幣を飾る定番の偉人でした。「聖」と「徳」という最高級の敬意を表す漢字を二つ奉っています。「神武」「仁徳」と同列に並ぶ第一級のお方です。聖徳太子が御遺しになった業績は、今に至る日本の国の在り方や日本人の生き方の根底を形成しています。東京書籍が教えたい国家観には、聖徳太子は邪魔な人物です。

東京書籍の記述は三十六頁、小見出しは「聖徳太子と蘇我氏」です。

【聖徳太子と蘇我氏】
このころ大和政権の中では、有力豪族《ごうぞく》たちが次の大王《おおきみ》をだれにするかをしばしば争っていました。その中で、渡来人《とらいじん》と結び付き、新しい知識と技術を活用した**蘇我氏**《そが》が、物部《もののべ》氏をほろぼして勢力を強め、6世紀末に女性の推古《すいこ》天皇を即位《そくい》させました。
飛鳥《あすか》地方（奈良盆地《ぼんち》南部）で政治をとった推古天皇の下《もと》、おいの**聖徳太子**《しょうとくたいし》（**厩戸皇子**《うまやどの》）と蘇我馬子《そがのうまこ》

とが協力し、中国や朝鮮に学びながら、大王（天皇）を中心とする政治の仕組みを作ろうとしました。なかでも、かんむりの色などで地位を表す**冠位**《かんい》**十二階**の制度は、家柄《いえがら》にとらわれず、才能や功績のある人物を役人に取り立てようとしたものです。

また、仏教や儒学《じゅがく》の考え方を取り入れた**十七条の憲法**では、天皇の命令に従うべきことなど、役人の心構えを示しました。さらに、隋の進んだ制度や文化を取り入れようと、小野妹子《おののいもこ》たちを送り、ほかにも何度か隋に使者を送りました（**遣隋使**《けんずいし》）。遣隋使には、多くの留学生や僧《そう》が同行し、帰国後に活躍《かつやく》しました。

【三十六頁囲み記事 **十七条の憲法**（初めの3条の一部）】

三に曰く、詔《みことのり》（天皇の命令）をうけたまわりては必ずつつしめ（守りなさい）

東京書籍の聖徳太子の業績の説明はたったこれだけです。聖徳太子は日本が生んだ大偉人です。第三十三代推古天皇の摂政《せっしょう》となられ、日本国家の骨格を描くと共に、その後の日本人の根本精神をも御据えになりました。凡《およ》そ千五百年を経た現在に至るまで、聖徳太子がお敷きなった路線を今も私たちは生きています。「和をもって貴《たっと》しとなす」は日本人ならば誰だって知っています。「和」は日本人の根本精神です。

（1）法治国家の基をつくった十七条憲法

東京書籍中学校歴史教科書は本文三十七頁で、「十七条の憲法では、天皇の命令に従うべきことなど、役人の心構えを示しました」と書き、さらに囲み記事「十七条の憲法」では「詔（天皇の命令）をうけたまわりては必ずつつしめ（守りなさい）」と解説しています。東京書籍は子供たちに、天皇を絶対権力者のように教えようとしています。しかし、十七条憲法はこの文に引き続いて「君臣の関係は天地自然のように秩序正しくあれ」と付け加えています。東京書籍の「天皇の命令に従え」は牽強付会《けんきょうふかい》です。「詔」は命令ではありません。天皇の御心《みこころ》です。東京書籍はそれを「天皇の命令」と子供に教える意図は何でしょうか。天皇を独裁者に仕立てる魂胆《こんたん》を感じます。

十七条憲法の全条を読めば、国を治める役人の心構えと共に、国家統治の基本精神が書かれていることを直ちに理解できます。要約して紹介します。梅原猛氏から多くの示唆《しさ》を受けました。*1

第一条　和を貴《たっと》べ。上下の者が仲良く話し合えば物事の理解が進む。
第二条　篤《あつ》く三宝（仏法僧）を敬え。
第三条　天皇の詔を承《うけたまわ》ったら必ず謹《つつし》め、君《きみ》と臣《しん》との間の秩序を乱してならない。
第四条　役人の基本は礼であり、民を治める基本も礼である。（筆者注：礼は社会秩序の基本である他者に対する適切な振舞い）
第五条　訴訟は賄賂を取ってはいけない。公平に行え。

第六条　悪を懲《こ》らし、善を勧《すす》めよ。人に諂《へつら》ったり人を欺《あざむ》く者は国家大乱の本になる。
第七条　役人はそれぞれに任務がある。その任務には賢く物事の道理に通じた者を任命せよ。
第八条　役人は早く出勤して遅く帰れ。公務は尽きることがない、勤勉に勤めよ。
第九条　心に信《まこと》があることが義《ただ》しいことの根本である。君臣の間に信《まこと》がなければ全て失敗する。
第十条　自分の意見と違うからといって心中に忿《いかっ》たり、人を怒ってはいけない。人は心にそれぞれの考えがあり、自分が正しいとは限らない、大勢の人の意見に従え。
第十一条　功績と罪過を明察して賞罰を必ず正しく行え。
第十二条　税は天皇の政府に納めるもの一つしかない。地方官は自分のために民から税をとってはならない。
第十三条　役人は自分の職掌《しょくしょう》を弁《わきま》えよ。留守中にあった仕事はよく調べて速やかに対処し、公務を滞《とどこお》らせてはならない。
第十四条　役人は嫉妬心を持ってはいけない。嫉妬心があると優れた人材がいても用いることができない。
第十五条　公《おおやけ》のことを第一に、私《わたくし》のことを次にすることが、君に仕える者の筋道だ。（背私向公《わたくしにそむきてこうにゆく》といいます）
第十六条　民を労役に使うには時期を選べ。冬期、農業に間《いとま》がある時にせよ。
第十七条　小事《しょうじ》は自分一人で決めてもよいが、大事《だいじ》はみんなとよく議論を交《か》わして決めよ。自《おの》ずと理《ことわり》が通じる。

この憲法は、国の統治に携わる役人の心構えに止まらず、国の統治の在り方にまで言及しています。第十七条は天皇独裁を否定し、皆でよく諮《はか》って物事を決めよと、日本型民主主義の典型です。東京書籍は第三条だけを取り上げて「天皇の命令を守りなさい」と十七条憲法の全体の趣旨を捩曲《ねじま》げて説明し、聖徳太子の御意図を正しく教えていません。第一条の和、第九条の嘘偽りなしの信《まこと》、第十五条の私《わたくし》を棄てて公《こう》に付け、第十七条の大事はみんなと相談して決めよなどは、日本人の社会習慣として今も活きています。十七条憲法は日本の歴史的文書ですから、全部教えるべきです。

この十七条憲法は日本の歴史に長くその存在が知られ、後世に影響を与えました。嵯峨《さが》天皇の御代《みよ》に成った法令集である「弘仁格式《こうにんきゃくしき》」の序文は、聖徳太子が編んだ十七条憲法が我が国の制法の始まりであるとしています。[*2] 貞永式目《じょうえいしきもく》は鎌倉幕府の法令で、全部で五十一条から成っています。十七条の丁度三倍の数です。偶然ではなく、鎌倉幕府が十七条憲法を制法と考えていて、それに倣《なら》いました。室町幕府の「建武式目」も戦国時代の「朝倉敏景《としかげ》十七箇条」も共に十七条から成っています。我が国の為政者たちは、十七条憲法が単に心構えでなく法令であると認識していました。[*3]

(2) 日本から宗教戦争をなくした神道と仏教の共存

東京書籍は、日本から宗教戦争というものをなくした、聖徳太子の偉大な業績を教えていません。

七分三分の七分を書きません。

宗教の争いというものは、キリスト教とイスラム教との関係をみれば自ずと知られるように、政治の権力闘争よりも執拗《しつよう》です。千年経っても争いは終息しません。

仏教受入れに際して、崇仏《すうぶつ》派の蘇我馬子と受入れに反対する物部守屋が争いました。馬子が守屋との戦争に勝ち、仏教受容が決まりました。東京書籍は、この仏教受容の是非に係る争いを全く書いていません。日本はこの争いを最初にして最後に、宗教戦争というものがありません。守屋と馬子の争いの渦中《かちゅう》にあって、戦争を実体験した若き聖徳太子は、幾多の人の死をご覧になって、金輪際《こんりんざい》宗教上の争いをなくそうと、神道と仏教を共存させる道を選んだのではないかと拝察します。

聖徳太子は祖先神である神々と平和を尊ぶ仏教を併立《へいりつ》させ、共に国を治める精神的な支柱となさいました。以後、日本には宗教上の教義に基づく宗教戦争がない世界でも珍しい国です。これは聖徳太子の偉大な功績です。

附《つけたり》　自然界のあらゆる物に魂があるとする神道《しんとう》が、二十一世紀の今日《こんにち》まで、日本人の心の優しい感性と豊かな情緒を形成しています。この心性《しんせい》は一神教の世界では失われてしまいました。

（3）日本外交の伝統となった対中国対等外交「日出づる……」

対隋、即ち対中国対等外交、これも我が国の外交における最も重要な民族の記憶です。しかし、東京書籍は何も書いていません。日本外交の渝《か》わらざる伝統・対中国対等外交を書かない東京書籍は、中国に膝を屈することを子供たちに促《うなが》す洗脳教科書です。

聖徳太子は中国大陸に強大な中央集権国家隋が出現するのを目の当《ま》たりにしました。隋は、満洲から朝鮮半島北部にかけて蟠踞《ばんきょ》した強国高句麗へ、何度も大軍を送って攻撃を繰り返しました。高句麗が攻め滅ぼされれば、次に朝鮮半島、その次に矛先《ほこさき》が我が国に向う懸念がありました。時しも、太子が摂政として国政を主導する地位に進まれました。隋は高句麗を攻め滅ぼそうとしましたが、頑強な抵抗を受けて攻め倦《あぐ》んでいました。太子は隋の苦境を見透《みす》かして、「日出づる処の天子、書を日没する処の天子に致す。恙無《つつがな》きや」で始まる、隋に対して対等の国書を送りました。隋の皇帝煬帝《ようだい》はこれを無礼な手紙として激怒しますが、隋は日本の高句麗への支援を気遣《きづか》い、日本の機嫌を損なうことができませんでした。大国日本を憚《はばか》り辞を低くして日本へ返礼の友好使節を送って来ました。以来ずっと、室町幕府の足利義満の一時期を除いて、中国の歴代王朝との対等外交が日本の伝統となりました。広大な版図《はんと》を有する中国大陸の国家に対して、対等を貫《つらぬ》いた我が日本は偉いものです。ところが、東京書籍にはこの対等外交が一言も書いてありません。対中国対等外交は子供たちに必ず教えておかなくてはならない民族の記憶です。

（4）人治から法治国家を目指した下準備

聖徳太子の御治績の中で、太子の御存命中は表に現れて来ませんでしたが、その後の日本の国家統治の在り方を基礎づけた重要なことがあります。それは法治国家への方向付けです。
太子は東アジアに出現した超大国隋からの圧力を凌《しの》ぎ、我が国の独立と尊厳を守りました。日本を強い国にするために、各地に豪族が割拠《かっきょ》して、それぞれの人民を統治する豪族連合体国家を、一つの中央集権化国家にまとめようとなさいました。豪族たちがそれぞれの人民を恣意《しい》的に治めるやり方を改め、法律に基づく公平公正な国造りです。御治世の間には実現できませんでしたが、聖徳太子の御意志を受けて隋に留学した俊秀《しゅんしゅう》たちが、隋で学んだ知識を活用して、天智《てんじ》天皇と天武《てんむ》天皇の下で新しい国家体制整備に活躍しました。聖徳太子薨去《こうきょ》後二十余年にして太子の理想が大化改新で実現しました。法治国家日本の起源は聖徳太子です。

【まとめ】

聖徳太子こそ我が国が生んだ最高最大級の偉人です。少し前まで、最高額の紙幣に印刷される人物は聖徳太子と決まっていました。国家は最高の敬意を払っていました。聖徳太子こそ民族の記憶です。「厩戸皇子」は民族の記憶ではありません。聖徳太子という尊称の初出は奈良時代の漢詩集「懐風藻《かいふうそう》」で、その頃から、「聖」と「徳」という最高の尊称を奉る聖徳太子という呼び方が定着したと考えられます。当時の人たちもそのように認識し、後代もそのように伝承しました。
しかるに、東京書籍の中学校歴史教科書は、聖徳太子の叙述に僅か一頁程しか割《さ》いていません。もっと多くの頁を割当てて、偉人聖徳太子の御事績を詳しく教えるべきです。東京書籍は十七条憲法の第三条の「天皇の命令に従え」だけを取り上げて曲説するだけで、聖徳太子の他の業績をほとんど教えていません。東京書籍は七分を書かず、聖徳太子を子供たちの心から消そうとしていると思われます。

＊1：『聖徳太子Ⅱ　憲法十七条』梅原猛著、小学館
＊2、3：『行動の基本1　公務精神の源流　古典体系　日本の指導理念1』第一法規出版

白村江敗戦が日本の国家統治体制整備に与えた影響

白村江敗戦後、天智天皇は国家防衛と新しい国造りである大化改新に取り組みました。大化改新は明治維新の時と同様に、外国からの脅威に対処するための新しい国家体制造りです。このことをきちんと書けば、子供たちに歴史の教訓を与えることができます。東京書籍は白村江敗戦が日本に与えた影響を過小に評価し、その上天皇が敗戦を権力強化に利用したと方向違いで歴史を教えています。

東京書籍の記述は三十九頁、小見出しは「白村江の戦いと壬申の乱」です。

【白村江の戦いと壬申の乱】
唐が新羅と手を結んで百済をほろぼすと、６６３年、中大兄皇子らは、百済の復興を助けようと大軍を送りました。しかし、唐と新羅の連合軍に大敗しました（**白村江《はくすきのえ》《はくそんこう》の戦い**）。中大兄皇子らは、

すぐに西日本の各地に山城《やまじろ》を築き、唐や新羅の侵攻《しんこう》に備えました。その後、唐と新羅は高句麗もほろぼしましたが、やがて対立していきました。

　緊張が高まる中、中大兄皇子は大津《おおつ》（滋賀県）に政治の中心を移し、即位《そくい》して**天智《てんじ》天皇**となって、初めて全国の戸籍《こせき》を作るなど、天皇の下に権力を集中するための改革を急いで進めました。


　白村江の戦いは、天智天皇が皇太子であった時、百済からの救援要請を受けて朝鮮へ大軍を送って、残念ながら負けた戦いです。東京書籍は、日本の出兵を「百済の復興を助けようと大軍を送りました」と書き、百済からの救援要請に応じた出兵であることを明示していません。この書き方は間違いではありませんが、「要請を受けた出兵」と書けば、日本が百済と深い関係あったこと、日本が一方的にお節介《せっかい》で出兵したのではないことを子供たちは正しく理解します。東京書籍の「要請」を省略した書き方では朝鮮侵略と読み誤る恐れがあります。

　また、白村江での敗戦が我が国に与えた甚大《じんだい》な影響、即ち、日本が敗戦を受けて国家防衛とそのための新しい国造りに取り組んだことを教えなくてはいけません。しかし、東京書籍はその影響を「天皇の下に権力を集中」したと書くだけで、新しい国家造りに向かったことを教えていません。東京書籍の書き方では「唐との緊張を口実にして、天皇が権力を強化した」と、子供たちは誤解しかねません。

　天智天皇は東アジアの新事態に、唐・新羅の連合軍侵攻に備えて国家防衛を固めること、そして、豪族連合体国家を国力を最大に発揮できる中央集権国家に大改革する必要に迫られました。東京書籍の説明「天皇の下に権力を集中」するためではありません。唐に倣《なら》って国家体制を鞏固《きょうこ》にするための基礎として、国民に公平な徴税や兵役義務を課すために全国の戸籍を整備しました。それまでは、各氏族が自分の領地で、年貢や軍役などの役務《えきむ》をそれぞれ独自に課していましたから、国民の負担は平等ではありませんでした。また、軍の組織や指揮なども氏族が違えば、それぞれ個別の方式を採用していました。このような区々《まちまち》の体制では、超大国唐からの侵略を撃退できません。これが大化改新を断行した理由です。このような経緯を書かなければ、朝廷が律令国家体制作りに努めた意義を理解できません。

日本は明治維新の時、同様の歴史を繰り返します。江戸時代は幕藩体制で三百諸侯と言われるように、たくさんの大小名が準独立国としてそれぞれの領地を治める体制でした。軍隊組織や進退の号令、鉄砲や大砲やその弾丸もそれぞれ独自の方式を採用していました。それ故、明治政府は廃藩置県を断行し、国全体を中央集権国家に統一し、軍制を大改革して、西洋諸国からの武力侵略に備えました。日本は凡《およ》そ千五百年前に同じことを経験していたのです。

天智天皇は、国防の為に北九州に水城《みずき》という要塞《ようさい》を築き、ここに防人《さきもり》を常駐させて、唐・新羅の連合軍の侵攻に備えました。このことは、鎌倉幕府が元寇を撃退した後も、輪番《りんばん》で御家人を北九州に配置して、幕府が滅亡するまで元の再襲来に備えたことと同様の処置です。鎌倉幕府にとっても、武士たちにとっても大変な負担ですが、国を守るため為政者の務めです。東京書籍は国を守る政府の最も重要な任務を教えません。

【まとめ】

歴史を学ぶ子供たちに、現在の朝鮮半島情勢下で、我が国と朝鮮半島との係り合いを、昔の歴史となぞらえながら考える材料を提供すべきです。朝鮮半島の一国家百済に手を差し伸《の》べて、日本は領土と多くの人命を失いました。この愚を繰り返してなりません。東京書籍の叙述は事件の因果関係を説明しないので、子供たちは歴史を教訓として学ぶことができません。

奈良時代の律令国家を北朝鮮のような国と教える

東京書籍の記述は四十二頁、小見出しは「人々の身分と負担」です。出だしから「身分と負担」です。東京書籍が子供たちの心に何を植え付けたいのか、底意が見えます。

貴族（長屋王）と庶民の家、貴族と庶民の食事をそれぞれ比較した写真を載せて、子供たちにその差を見せつけています。東京書籍はこの比較写真が余程気に入ったものと見え、私が知る限り平成八年度検定版から家の比較写真が載り、平成十三年度検定版からは食事の比較写真が加わりました。本文には「差別」という言葉を使っていませんが、子供たちの心の中に差別意識を植え付けています。裕福な人と普通の人との間で、家構《いえがまえ》や食事に差があるのは当たり前です。この二つの比較写真の下に、次の本文があります。

【人々の身分と負担】

奈良時代前半の日本の人口は、450万人ほどでした。律令国家ができると、人々は、6年ごとに作られる戸籍《こせき》に、良民と賤民《せんみん》という身分に分けられて登録されました。

戸籍に登録された6歳《さい》以上の人々には、性別や身分に応じて**口分田**《くぶんでん》があたえられ、その人が死ぬと国に返すことになっていました（班田収授法《はんでんしゅうじゅのほう》）。人々は、男女ともに、口分田の面積に応じて稲《いね》を納める**租**《そ》を負担しました。さらに一般《いっぱん》の成人男子には、租のほか、布や特産物を納める**調**・**庸**《よう》などの税や、土木《どぼく》工事などを行う労役《ろうえき》、兵士となる兵役《へいえき》の義務などが課されました。

租は、ききんなどに備えて、郡の倉庫などに納められました。調・庸は、人々の手によって都まで運ばれ、貴族・役人の給料など、朝廷《ちょうてい》の運営のために使われました。兵士となった人の中には、唐《とう》や新羅《しらぎ》から日本を守るための防人《さきもり》に選ばれ、九州北部に送られる者もいました。こうした重い負担からのがれるため、逃亡《とうぼう》する人々も現れました。

200人ほどにすぎない貴族たちは、調・庸や兵役などが免除《めんじょ》され、高い給料や多くの土地をあたえられました。これらの特権は、その子どもにも引きつがれました。

その一方で、全人口の1割以内と少数ではありましたが、賤民の中でも特に奴婢《ぬひ》（奴隷《どれい》）とされた人々もいました。

この短い文章の中に「良民と賤民という身分に分けられて登録」、「身分に応じて口分田」、「租を負担」、「調・庸などの税」、「土木工事の労役」、「兵役の義務を課す」、「調・庸は、人々の手によって都まで運ばれ」、「防人に選ばれ、九州北部に送られる」、「重い負担からのがれるため逃亡」、「賤民の中でも奴婢（奴隷）とされた人々」など、暗黒社会と紛《まが》うばかりの怨言《えんげん》の連発です。子供たちは律令国家体制を国民を収奪し奴隷のように酷使《こくし》する制度と誤解します。

東京書籍が教えるように、人々が本当にこんなに虐《しいた》げられていたとしたならば、とっくに反乱や革命が起こっています。二百人程に過ぎない貴族たちが、当時の日本の総人口四百五十万人を治めていたなら、国民負担が極めて小さい効率のよい政府であったはずです。東京書籍の執筆者は、奈良時代を為政者に依る国民収奪の時代であったと印象付けています。子供たちは北朝鮮の社会を連想するのではないでしょうか。暗黒社会を印象付けられた子供たちは、心の中に為政者に対する憎しみの感情を生みます。中学生の子供たちに憎しみの心を植え付けることは、教育の目的を外れています。

律令制度は、法律の下で国民の一律の平等の税負担や国民生活の安定などを目指した、聖徳太子の希望を実現しようとする制度です。班田収授法によって、男子のみならず、女子や奴婢《ぬひ》に至るまで相応の口分田を与えられました。律令制度は最下層のどんな人々も皆生きていけることを国家が保証する制度です。奈良時代は人口が増加し、華《はな》やかな文化が栄えた時代ですから、東京書籍が書くような暗黒社会ではなかったはずです。

【まとめ】

東京書籍は奈良時代を惨《むご》い政治が行われた暗黒社会と描いています。一般庶民は特権階級の為政者によって搾取される対象です。奈良時代は北朝鮮のような圧政が支配する暗黒社会だったのでしょうか。次項で説明する班田収授法は、中国の制度に比べて、弱者に優しい社会保障的な面を持つ制度です。東京書籍の奈良時代の説明は間違っています。

また、東京書籍は国家の役割を説明していません。国家は外国からの侵略を防ぎ、国内においては治安を維持し、国民生活の安全と安定を保つ責務があります。その国家を運営するために役人や兵力を保持することは当然です。人は何も負担せず、税金も納めないで平和で安穏に暮らすことなどはできません。

班田収授法――日本は唐と違って弱者に優しい

東京書籍は「日本は中国や朝鮮から教えてもらった」が好きですが、なぜか班田収受法を中国から学んだことを書きません。書けば、班田収授法の制度は中国と日本と同じなのか、何が違うのかを明《めい》敏《びん》な子供が質問するからです。日本が弱者に優しい国であることが分かってしまいます。

日本は中国の北魏や唐の班田収授法を研究して、日本に導入しましたが、天智天皇など為政者は、中国のやり方をそのまま移植しませんでした。骨格は同じですが日本は何をどのように変えたのか、法制史家の瀧川政次郎《たきがわまさじろう》博士の著書から紹介します。*1

・口分田の受田年齢：北魏は十五歳から、唐は十八歳から。日本は良賤《りょうせん》男女とも六歳から
・女子への給田：唐は男子の十分の三、北魏は半分。日本は三分の二
・租税を納め得ない廃疾者《はいしつ》への給田：唐は普通の男子の半分。日本は一般人と差別なく同面積
・私奴婢（男子）への給田：北魏は普通男子と同面積。唐は給田なし。日本は普通男子の三分の一
・外国人への給田：日本は差別なく給田（中国は瀧川博士の著書に記載なし）

右の通りです。瀧川博士は、中国の班田収授法に比べ「日本は社会政策的精神が濃厚」、今の言葉に言い換えれば「弱者に優しい」と評しておられます。日本は弱者に優しい国でした。日本の誇りではありませんか。東京書籍は、憎しみの心を煽《あお》るよりも、子供たちに為政者は弱者に優しかったと教えるべきです。東京書籍の律令制度や班田収授法の解説は当を得ていません。

【まとめ】

本書の冒頭に、私は民族の記憶ということを申上げました。政府の圧政によって、一般庶民が辛酸《しんさん》を嘗《な》めたということが、昔の物語や絵物語、和歌などにどれ程語られているでしょうか。山椒太夫《さんしょうだゆう》の物語で、安寿《あんじゅ》と厨子王《ずしおう》の盲目の老母は、粟《あわ》を食べにくる雀《すずめ》を追うことしかできませんでしたが、殺

されないで生きていけました。日本人は優しい民族ではないでしょうか。日本は外国で見られる苛《か》政《せい》、苛斂誅求《かれんちゅうきゅう》などは我が民族の記憶にありません。

苛政とはどのようなものか、中国に併呑《へいどん》されたチベット、ウィグル、内モンゴル（中国内のモンゴル人自治区）、そして北朝鮮を思い浮かべれば納得がいきます。日本が併合統治する前の李氏朝鮮の苛政も非道《ひど》いものでした。一般庶民に基本的人権などというものはありません。庶民は支配階級の搾取の対象でした。商売が繁昌すれば金品を要求され、拒否すれば投獄され、絶食、笞刑《ちけい》です。農民も多く収穫すれば一層強奪《ごうだつ》されました[*2]。

日本には苛政や圧政の歴史はありません。仁徳《にんとく》天皇はじめ歴代の天皇は国民を大御宝《おおみたから》と慈《いつく》しみ、国民の幸せを思い遣る方々ばかりです。近時の天皇陛下の御振舞をみれば、誰だって納得できます。天皇は国民・庶民の幸せを常に考えて下さっていること、これは我が民族の記憶です。

現在と比べれば昔は農業が未熟でしたから、全体に人々は貧しかった。しかし、奈良時代は全国民一律に適用する法の下で、公平に税を負担しました。そして誰も皆最低限の生活を保障されました。私腹を肥やす地方官もいましたが、奈良時代の施政は公平な法治国家を目指したことを心に留めなくてはいけません。奈良時代を通じて日本の人口は増加しました。班田収授法によって農民の生活が安定したからです。奈良時代は東京書籍が強調するような暗黒社会ではなかったと思います。差別や負担だけを取り上げて教えるのでは、日本の歴史の中にある、大切なことを見失ってしまいます。

＊1：『律令時代の農民生活』瀧川政次郎著、刀江書院
＊2：『朝鮮の悲劇』F・A・マッケンジー著、平凡社

第二章　中世

国難元寇を撃退した日本の誇り

日本は元の威《おど》しに屈せず、天皇を中心に鎌倉武士が一丸となって戦うことを選択し、世界最強の超大国元の大軍を二度撃破しました。元寇は鎌倉幕府が執権北条時宗の下で、あたかも最盛時に当っていました。日本にとって幸運でした。国力を総動員して、日本は元の武力侵略を跳《は》ね返すことができました。日本を救った武士たちの武功《ぶこう》を称賛し、感謝を教えるべきです。

しかしながら、東京書籍は鎌倉武士の勇戦を誉める一方で、元軍の敗退理由を枉《ま》げて書いたり、元軍の内紛や他国の所為《せい》にして、鎌倉武士の貢献を軽《かろ》んじています。東京書籍はいつも日本を少しは誉《ほ》めても、後で必ずけちを付けて貶《けな》します。後で述べる日露戦争でも同様です。東京書籍はなぜか素直に日本を誉《ほ》めることをしません。七十六頁、小見出しは「二度の襲来」です。

【二度の襲来】
フビライ・ハンは高麗《こうらい》を従えた後、さらに日本を従えようと、使者を送ってきました。執権《しっけん》の**北条時宗**《ほうじょうときむね》がこれを無視したため、元《げん》は高麗の軍勢も合わせて攻めてきました。1274（文永《ぶんえい》11）年には、対馬《つしま》・壱岐《いき》をおそった後に九州北部の博多湾岸《はかたわんがん》（福岡市）に上陸し、集団戦法と火薬を使った武器で幕府軍を苦しめました。しかし、短期間で力を見せつける目的だったことや、元と高麗との対立もあって、引きあげました（**文永**《ぶんえい》**の役**《えき》）。

さらに、元は宋をほろぼした後、1281（弘安《こうあん》4）年に、再び日本に攻《せ》めてきました。しかし、幕府が海岸に築いた石の防壁《ぼうへき》や、御家人《ごけにん》の活躍《かつやく》で、元軍は上陸できず、暴風雨にあって大きな損害を受け、引きあげました（**弘安《こうあん》の役《えき》**）。この二度の襲来（**元寇《げんこう》**）の後も、元は日本への遠征《えんせい》を計画しましたが、実施《じっし》されませんでした。

このように戦いはありましたが、元と日本との民間の貿易や文化の交流は行われていました。

（七十六頁、元が日本への遠征を実施しなかった理由）

中国や高麗でフビライへの反乱が起こり、ベトナムでも元に反抗《はんこう》する動きが強まっていました。

（七十七頁、小見出し「鎌倉幕府の滅亡」）

幕府が元の襲来に備えるために北条氏の一族に権力を集中させるようになると、御家人の幕府に対する反感が強まりました。

（1）日本は天皇を中心に一致団結して戦った

東京書籍は朝廷と幕府が協力し、日本が一丸となって戦ったことが抜けています。日本はいつも大国難の際は天皇を中心に一致団結して危機を乗り切る国です。これも、忘れてはならない民族の記憶です。

鎌倉時代は外交権を朝廷が持っていました。したがって、幕府は朝廷に方策を献言《けんげん》しつつ元と対決しました。幕府の権限は全国には及んではおらず、朝廷や公家《くげ》や寺社などが所有する所領は幕府の権限外でした。朝廷は幕府の要望に応え、それらの所領から戦闘員たる武士のみならず兵糧《ひょうろう》武器などを動員《どういん》する勅許《ちょっきょ》を与えました。亀山《かめやま》上皇は御自ら願文《がんもん》を書き各地の神社に奉納して、怨敵《おんてき》退散をお祈りされました。朝廷と幕府は協力して元と対決しました。

（2）武士の果敢な戦いが元に日本征服を諦めさせた

東京書籍は一回目の文永の役において、元・高麗連合軍が撤退した理由を、「（元軍が）短期間で力を見せつける目的だったこと」とか、「元と高麗の対立もあって引きあげました」とか、全く他力本願の説明です。この文永の役で日本に押し寄せた元軍は、元と高麗を併せて三万九千七百人、戦艦九百余艘《そう》です。*1 これ程の大軍を単に軍事力を見せつけるだけの目的に派遣するはずがありません。元軍は日本を占領するために本気で攻めて来たのです。

元・高麗連合軍は、一旦は上陸に成功しましたが、武士の果敢な戦いに恐れをなし、夜襲を避けて船に引き上げてしまいました。そこへ大風が吹き元軍は壊滅しました。武士の果敢な戦いがなければ、船へ引き上げないで上陸した場所に橋頭堡《きょうとうほ》を築いたはずです。武士の敢闘が日本を救いました。

二回目の弘安の役では、元は高麗との連合軍四万人と、攻め滅ぼした南宋《なんそう》の兵十万人を動員し、合わせて十四万人の大軍で攻めて来ました。堅固な石塁《せきるい》を築いて待ち構えていた日本軍は元軍の上陸を許しませんでした。そこへ、またしても大風が元の軍船を襲い、あらかた船を痛めつけました。勇敢な武士たちは小舟を行《や》って、残存している元軍の軍船に乗り込んで戦い、遂に世界最強の蒙古軍を敗北させました。

元が三度目の侵略（東京書籍は「遠征」と書いています）を取止めた理由を、宋や高麗やベトナムの反抗などを挙げて、日本は運がよかったかのような書き振りですが、日本の歴史教科書としては適切ではありません。子供たちに教えるべき第一のことは、元に侵略を断念させた日本軍の用意周到勇猛果敢の戦闘振りをしっかり教えるべきです。

（3）元寇の教訓

元寇を通して、中学校の子供たちには次のことを学ばせるべきです。東京書籍は教えていません。

○日本は、国難に対して天皇を中心に国民が一致団結すれば、国力を最大に発揮できること。これが我が国の伝統。

○日本が外国から侵略を蒙《こうむ》れば、国民は惨殺《ざんさつ》、暴行、略奪、強姦《ごうかん》など情容赦《なさけようしゃ》のない酷い目に遭わされること。

東京書籍は「対馬・壱岐をおそった」としか書きませんが、対馬と壱岐の住民は筆舌《ひつぜつ》に尽くせない残虐な目に遭わされました。壱岐を旅行した時、現地のボランティアの方から、子供を静かにさせる時に「蒙古高句麗《むくりこくり》の鬼が来る」と、今も使っていると説明がありました。

○朝鮮半島はしばしば日本を襲う外敵の通り道になること。

白村江の戦い、元寇、日露戦争のどの時も朝鮮半島経由でした。朝鮮半島が日本に寄るか、大陸に寄るか、どちらに寄るか、半島情勢から目を離すことができません。

○国防は国家の任務。

国家の役割の中で最も重要なことは、軍事力を整えて外敵から国を守ることです。国があってこそ、国民は国家の保護の下で、平和で安定した生活を送ることができます。外交は勿論大切ですが、軍事力は外交が破綻《はたん》した時の最後の拠《よ》り所です。国家は外国に侵略を断念させるだけの武力を持たねばなりません。軍事力が弱体であれば、国は滅び、国民は塗炭《とたん》の苦しみに遭わねばなりません。

（4）元寇の後、鎌倉幕府の国防への備え

元の再襲来に備えるために、為政者たる北条氏は国を守る責任として、御家人たちに命じて北九州沿岸に石塁を築かせ、輪番《りんばん》で守備させました。これを異国警固番役《いこくけいごばんやく》と言います。この守備体制は鎌倉幕府が滅亡するまで凡そ五十年間存続しました。これこそ、北条氏が国防責任を全うした特筆すべき功績です。東京書籍は「幕府が元の襲来に備えるために北条氏の一族に権力を集中させるようになる」と書いて、北条氏が国難を利用して一族の権力を強化したと非難しますが、北条氏の私欲を論じるよりも、為政者として国防責任を全うした功績を称《たた》えるべきです。北条氏は源家の鎌倉幕府を乗っ取り、執権となって権力を振るいはしましたが、治政は善政を敷きました。為政者・権力者を悪者にすることは、東京書籍に一貫する通弊《つうへい》です。為政者の為政者たる責務を教えず、悪い面ばかりを強調する書

き方は、子供たちの心の中に、国の指導者や為政者に対する憎しみの種を植え付けます。心の中に憎しみを植え付ける東京書籍は教科書として望ましくありません。

【まとめ】

明日の日本を背負う子供たちに、国家の最重要の任務である国防とそのための軍事力の大切さをしっかりと教えておかなくてはいけません。

東京書籍は、北条氏が元寇に便乗《びんじょう》して一族の権力強化を図ったと書いています。白村江の戦いの所でも、天皇の下に権力を集中するための改革を進めたと書いているのと同じ流儀です。中学生の子供たちには、権力闘争の小事を教えるよりも、国家防衛という大事を教えるべきです。

元寇は、鎌倉幕府が北条時宗の執権下で最盛期であったことが、日本にとって幸いでした。幕府に強い政治権力があったからこそ、戦闘員たる武士を始め国家資源を総動員することができ、そして最大限に軍事力を発揮できました。政治権力は悪ではありません。もし、鎌倉幕府の政治権力が衰《おとろ》えた時であったならば、日本は負けていたかも知れません。北条氏の権力が日本を救いました。東京書籍は、我が国の崇高《すうこう》な歴史に「権力は悪」という毒を混ぜています。

＊1：『蒙古襲来の研究 増補版』相田二郎著 吉川弘文館

倭寇の本質は武装貿易集団、その主体は中国人や朝鮮人

東京書籍は倭寇の実態を書かず嘘を教えて、日本を悪者にする材料にしています。東京書籍の記述は八十頁、小見出し「日明貿易」です。


【日明貿易】

14世紀になると、中国では漢《かん》民族が**明**《みん》を建国し、モンゴル民族を北に退けました。同じころ、西日本の武士や商人、漁民の中に、集団で船をおそい大陸沿岸をあらして品物をうばう者が現れ、**倭寇**《わこう》と呼ばれました。明は、倭寇をおさえるためもあって、外国との貿易を制限し、公式の朝貢《ちょうこう》による交易のみを許可しました。

足利義満《あしかがよしみつ》は、明の求めに応じて倭寇を禁じる一方、正式な貿易船に、明から与えられた勘合《かんごう》という証明書を持たせ、朝貢の形の**日明**《にちみん》**貿易**（**勘合**《かんごう》**貿易**）を始めました。日本は刀・銅・硫黄《いおう》・漆器《しっき》などを輸出し、かわりに銅銭・生糸《きいと》・絹織物・書画・陶磁器《とうじき》などを大量に輸入しました。

（欄外の注記）倭寇の中には、日本だけでなく朝鮮や中国の人もいました。いったん収まった倭寇の活動は、16世紀になって再び活発になりましたが、明の軍によってしずめられました。

（1）なぜ倭寇が起こり、なぜ盛んになったのか

東京書籍は「西日本の武士や商人、漁民の中に、集団で船をおそい大陸沿岸をあらして品物をうばう者が現れ、**倭寇**と呼ばれました」と記述していますが、なぜ倭寇が発生したのかその理由の解説がありません。倭寇の起源は元寇の時、筆舌《ひつぜつ》に尽くせない酷い目に遭わされた対馬や壱岐の島民が、仕返しに朝鮮半島沿岸を襲ったことが始まりです。このことは令和二年に壱岐旅行した時に、地元ボランティア説明員の方からもお聞きしました。しかし、復讐《ふくしゅう》目的だけでは長続きしません。元々、明が滅ぼした元との間で、既に日本は唐物《からもの》といわれる陶磁器、織物、絵画、書籍などを輸入し、替りに日本から金、銀、硫黄、刀剣などを輸出する民間貿易が盛んに行われていました。

倭寇隆盛の原因は、明が沿岸や島嶼《とうしょ》に拠る元の残党を取り締るために、海禁政策[注]を採用して外洋を航海できる大船《たいせん》の建造を禁止し、その上に、貿易を日本と明の政府間だけに限る勘合貿易に制限したからです。そのため、有力大名や豪商は貿易ができなくなりました。貿易による利益を享受《きょうじゅ》したい者は、日本人も中国人も同じです。明の官憲による取締りの合間を盗んで密貿易が始まりました。その密貿易が倭寇です。

また、東京書籍は「明は、倭寇をおさえるためもあって、外国との貿易を制限し、公式の朝貢による交易のみを許可しました」と書いていますが、本末転倒《ほんまつてんとう》です。右の説明でもお分かりのように、政府間の公式交易だけに制限したから、倭寇即ち密貿易が始まったのです。

また、欄外の注記で「（倭寇は）明の軍によってしずめられました」と、明軍が倭寇を撃破したと説

明していますが、海禁政策によって、小舟しか持たない明軍がどうやって強力な倭寇を負かすことができたのか、空言《そらごと》を書いています。*1 東京書籍は子供たちに「中国はいつも日本より上の国、強い国」と教え込もうとしているように見えます。

（注）明の海禁政策は一三七一年に民間の海外貿易や海外渡航を禁止した政策。外洋を航海できる二本以上の帆柱を持つ大船の建造を禁止した。海禁政策は織田信長が活躍した一五六七年まで凡そ二百年間続いた。

（２）倭寇の主体は朝鮮人と中国人

東京書籍は「倭寇の中には、日本だけでなく朝鮮や中国の人もいました」と書き、日本人が主体の倭寇の中に、少数の朝鮮人や中国人が混じっていたと読み取らせています。これは間違いで、本当は朝鮮人や中国人が倭寇の主体でした。他国の見知らぬ土地を侵《おか》す時、財物の所在、道筋、防備の様子などを知っている現地人の手引きがなければ、略奪などできるものではありません。手引きする者こそ略奪をこととする倭寇の主体でした。朝鮮の文書に「日本人は一、二割に過ぎず、朝鮮人が日本人の着物を着、徒党をなして乱暴を働いた」*2、明国の文書にも「倭寇とは言うけれども、倭寇に本当の日本人はほとんどいない。大抵日本人は三割で、あとの十分の七は日本人に従う明国人だ」*3 と、両国の正式文書に記録されています。

倭寇の始まりは元寇の後、日本人が朝鮮人に非道い目に遭わされた仕返しでした。しかし、倭寇が猖獗《しょうけつ》を極《きわ》めた頃の主体は中国人や朝鮮人でした。朝鮮では禾尺《かしゃく》（牛馬の屠殺《とさつ》や皮革加工に従事した）と才人（仮面芝居や軽業《かるわざ》を業とに従事した）と呼ばれる差別された人たちが主体でした。[*4] 中国人も月代《さかやき》を剃《そ》ったりして、日本人に変装して暴力を振いました。[*5]

東京書籍が「日本だけでなく朝鮮や中国の人」と「の人」と書いていることに注意して下さい。海賊行為を働く中国人や朝鮮人は「の人」と書き、悪人ではないような言い回しです。日本人は海賊で悪い人、中国人や朝鮮人は普通の人と書き分ける理由はありません。「倭寇の主体は中国人や朝鮮人で、その中に日本の人がまじっていました」と正しく書くべきです。

（3）倭寇は交易が自由にできるようになると自然消滅

倭寇の終結を東京書籍はどのように書いているでしょうか。「倭寇を禁じる一方、正式な貿易船に、明からあたえられた勘合《かんごう》という証明書を持たせ、朝貢の形の日明貿易（勘合貿易）を始めました」と書いています。前述の通り、「禁じ」ても倭寇は止まりません。「禁じた」からこそ倭寇が盛んになりました。

勘合貿易は日明の政府間に限る独占貿易ですから、足利幕府は莫大な利益を上げることができました。一方、勘合貿易によって貿易から外された有力大名たちが黙って見過ごすはずがありません。勘合貿易が始まっても、日明間で密貿易、即ち「倭寇」は収まりませんでした。明の取締り・海禁政策によって、貿易の場は南方のベトナム、ルソン（フィリピン）、ジャワ（インドネシア）などに移って行きました。東京書籍の「明の軍によってしずめられました」のではありません。海禁政策で大船を有しない明が倭寇の船を撃破できるはずがありません。

豊臣・徳川の時代は、商人たちに朱印船貿易という自由な貿易を許可したので、「倭寇」は自然消滅しました。

東京書籍は、貿易という経済活動に目を向けず、暴力行為にのみに焦点を当てています。

（4）宮崎市定氏による日明貿易の解説、倭寇の発生と経過と消滅

日明貿易と倭寇の関係について碩学《せきがく》宮崎市定氏の研究「倭寇の本質と日本の南進」から、その研究成果を摘記《てっき》します[*6]。

イ）明が滅ぼした元の残党が沿岸や島嶼に拠《よ》って反抗していた。明は賊を討伐して、島に住む住民を内地に移住させる厳しい措置を採った。さらに、明は二本以上の檣《ほばしら》を持つ大船の建造を禁止するなど、厳しい海禁策を採ったので、明国商人は波が荒い外洋を航海できなくなった。

ロ）明は外国とは朝貢貿易だけを許す厳重な貿易統制を行った。日本とは十年に一回、船二艘、人数二百人に限った。日本では室町幕府だけが莫大《ばくだい》の利益を揚げ、西国大名や豪商は排除された。明の商人も同様に利益を揚げられなかった。勢い、日明の政府の外で密貿易が行われることは

必定《ひつじょう》だった。大船を有しない明の密貿易者は島々に隠れて他国の商人の来航を待つことになった。利害が一致する日明両国民が中国沿岸の海島で密貿易場を開設した。

ハ）日本では銀一両で銅銭二百五十文《もん》、明では銀一両で銅銭七百五十文で、即ち五倍。中国の寧波《にんぽう》で銅銭十貫文《かんもん》で生糸十斤《きん》が買える、一方、日本では生糸十斤が五十貫文で売れる。即ち、五倍高く売れる。

ニ）元来、「倭寇」は密貿易者であって賊ではない。貿易の利益は一往復で五倍から十倍。生命の危険を冒《おか》してまで官憲に歯向かったり略奪はしない。「倭寇の乱暴」は官憲に対する中国人による復讐への助太刀であった。

ホ）明国の文献には次のように書いてある。

・倭寇が来るのはまだよいが中国兵（明兵）が来て駐屯《ちゅうとん》するのは困る、昼の間は正規兵だが、夜に入ると匪賊になる。

・倭人の刀法《とうほう》は天下に敵なし。中国人も月代《さかやき》を剃《そ》って日本人に成り済ました者がいた。

へ）明の官憲が取締るので、次第に貿易の根拠地を南方へ移して行った。明の監督を離れた安南《あんなん》（ベトナム）、占城《ちゃんぱ》（ベトナム）、暹羅《しゃむ》（タイ）、爪哇《じゃわ》（インドネシア）で、明国人と互いに自由に取引できるようになって、明国沿岸で密貿易が止み、倭寇が止んだ。

ト）要するに貿易は多大の利益を産むので、安全で安定した取引ができれば、命懸けの略奪貿易「倭寇」などをする必要がない。

チ）明は百年後、その非を悟って（中国国内の）厦門《あもい》の漳州《しょうしゅう》に交易場を開いた。

リ）秀吉は海賊行為を取締り、平和な海外貿易を奨励《しょうれい》し、京、堺、大阪等の豪商《ごうしょう》に朱印を与えて自由な海外渡航を許した。

ヌ）浙江総督《せっこうそうとく》が日本に倭寇禁圧要請の目的で、大伴宗麟へ派遣した鄭舜功《ていしゅんこう》の著書『日本一鑑』には、左のような記述がある。

日本人は役に立つ牛、馬、犬、鶏などの家畜を食べないことから義侠心《ぎきょうしん》の深いことが分かる。だから、わざわざ外国へやって来て人を殺すことなどしない。日本人が寇《あだ》をなすというは、本当のところは外国へ逃亡した中国人の仕業《しわざ》と知るべきである。

ル）では、なぜ倭寇が日本人の悪業とされたか。理由は中国や朝鮮の官憲が上申書に、自分たちが責められないように、日本人を悪者にして責任を転嫁《てんか》したからだ。例えば、日本人が侵略して来るから、来たから、軍を派遣してほしいなどと、日本人の仕業として偽ったからだ。

【まとめ】

東京書籍が倭寇を「強盗集団」と見做すことは根本的に間違っています。宮崎市定氏の研究成果から分かるように、「武装貿易集団」です。平和的な貿易でも往復で五倍から十倍という莫大の利益を揚げられますから、命懸けで略奪貿易をする必要などありません。

東京書籍は「倭寇の中には、日本だけでなく朝鮮や中国の人もいました」などと、日本人の中に小人数の朝鮮人や中国人が混じっていたかのような書き方です。朝鮮や中国の公式文書に書かれているように、主体は日本人ではなく中国人や朝鮮人であったことを明記すべきです。倭寇を日本人の悪《あく》業《ぎょう》と教え、子供たちに無用な贖罪《しょくざい》意識を与えています。

附《つけたり》　倭寇が轟《とどろ》かした日本の武勇は、明の建国者太祖洪武帝《たいそこうぶてい》に「子孫に、永久に日本は征服しようとしてはならない」と遺戒《いかい》させました。[*7]倭寇の武勇の威名が、明による日本侵略の野望を抑止しました。

＊1：『宮崎市定全集22　日中交渉』宮崎市定著、岩波書店

　後述する宮崎市定氏は、明の史書は明の将が倭寇を破ったと記すが、真実は必ずしもそうではない。倭寇なるものがそもそも、明の人民の官憲に対する反抗運動から起り、日本人がこれに加勢したものに過ぎぬから、報復が済めばそれ以上に侵入を行う必要がなかったのである。

＊2：『国史大辞典』吉川弘文館

＊3：『南進大日本史』森岡美子著、春秋社松柏館

＊4、5：『倭寇 海の歴史』田中健夫著、講談社学術文庫

＊6：『宮崎市定全集22　日中交渉』宮崎市定著、岩波書店

＊7：『近世日本国民史　第7巻　豊臣氏時代丁篇　朝鮮役上巻』徳富猪一郎著、時事通信社

第三章　近世

秀吉の朝鮮出兵は「侵略」ではない

東京書籍は小見出しに「朝鮮侵略」と書き、秀吉の朝鮮出兵を頭から「侵略戦争」と決め付けています。しかし、この時代に「侵略」という概念はありません。東京書籍は現在の道義基準で五百年も昔のことを批判しています。

秀吉は国内戦争の流儀で、朝鮮の占領地を配下の武将の領地にするために、朝鮮人を慰撫《いぶ》しました。そのために出陣した大名に対して乱暴を禁じる厳しいお触れを出しました。朝鮮で混乱に乗じて乱暴狼藉《ろうぜき》を働いたのは朝鮮人自身と明の兵士です。

東京書籍の記述は百十一頁、小見出し「朝鮮侵略」です。

「朝鮮侵略」

1592（文禄《ぶんろく》元）年には、明《みん》の征服《せいふく》を目指し、約15万人の大軍を朝鮮に派遣《はけん》しました（**文禄《ぶんろく》の役《えき》**）。軍勢は、首都漢城《かんじょう》（ソウル）を占領《せんりょう》して朝鮮北部まで進みましたが、明の援軍《えんぐん》におしもどされました。また、各地で朝鮮の民衆による抵抗《ていこう》運動が起こり、海戦でも苦戦しました。

そこで、明との間で講和交渉《こうしょう》が始まり、明の使節が来日しました。しかし、講和は成立せず、1597（慶長《けいちょう》2）年に再び戦いが始まりました（**慶長《けいちょう》の役《えき》**）。日本の軍勢は苦戦し、1598年に秀吉が病死したのをきっかけに、全軍が引きあげました。7年にわたる戦いで、戦場になった朝鮮は荒廃《こうはい》し、日本に連行される者もいました。日本の武士や農民も重い負担に苦しみ、大名の間の対立をもたらして、豊臣氏が没落《ぼつらく》する原因となりました。

(1) 日本の出兵を「侵略」、外国の日本侵略を「侵攻」「襲来」と使い分ける東京書籍

十六世紀の昔に「侵略」などという道義上の歴史的概念はありません。交渉にせよ武力にせよ、強い国が弱い国を征服してしまうことは、常のことでした。現在の道義基準で過去の出来事を審判できません。

秀吉は明国征服の野望を懐《いだ》き、その道筋に当たる朝鮮に先導役を申しつけました。朝鮮は先導を拒《こば》んだので、秀吉は明攻略のための根拠地にすべく朝鮮へ攻め入りました。朝鮮出兵はそもそも朝鮮征服が目的ではなく、明国征服の足場・兵站《へいたん》基地にする計画でした。

東京書籍はいつも日本を悪く書きます。日本が外国へ軍を派遣する時は「侵略」と書き、外国が日本に攻めて来る時は「侵略」とは書きません。唐・新羅連合軍の時は「侵攻」と書き、元が日本に攻め寄せた時は「襲来」「遠征」と書き、ソ連が日ソ中立条約を破って満洲や北方領土を武力侵略したことを「侵攻」と書きます。二重基準です。東京書籍は言葉遣いに悪意があります。その言葉遣いによって、子供たちは知らず知らずの内に「日本は侵略国家、悪い国」という誤った固定観念を植え付けられてしまいます。

（2）秀吉は厳しい軍律《ぐんりつ》で乱暴狼藉《ろうぜき》を禁じた。実際に乱暴狼藉を働いたのは明兵と朝鮮人

東京書籍は「7年にわたる戦いで、戦場になった朝鮮は荒廃し」と書いています。戦場になったので、朝鮮の住民が酷い目に遭わされたことは否定しません。しかし、但《ただ》しです。乱暴を働いた者は、日本兵よりもむしろ明国の兵や朝鮮人たちでした。

京城《けいじょう》の京福宮《けいふくきゅう》や昌徳宮《しょうとくきゅう》等の王宮や官衙《かんが》を焚《や》き、略奪を逞《たくま》しくしたのは朝鮮人の乱民でした。財物を掠《かす》めた連中が酒を飲んで宴会して歓歌《かんか》、放吟《ほうぎん》している歌を聞くと、日本語ではない朝鮮語だというのです。この事は『乱中雑録』という朝鮮の史料に書かれています。[*1] また、『再造藩邦志』という、これも朝鮮の史料で、この史料には「中国兵が来ると朝鮮は皆灰燼《かいじん》になってしまう」と書いてあります。[*2]

これが、朝鮮が明に救援を乞《こ》うことを遅疑《ちぎ》した理由です。朝鮮で乱暴狼藉を働いたのは日本兵ではなく朝鮮人自身と明兵です。秀吉は明国を攻めるために、朝鮮をその兵站《へいたん》にする計画でしたから、日本国内における戦争と同様に朝鮮人を寛大に扱い慰撫《いぶ》しました。戦国時代やその前の時代でも、日本の戦争は領主間の争いで、民衆を巻き込みませんでした。朝鮮でもこの仕法《しほう》を通しました。秀吉が朝鮮へ出征する武将に出した軍律が残っています。最初の第一条で住民に対する乱暴狼藉を厳禁しています。[*3] 秀吉の命令に逆らって軍律を破る武将はまずいなかったでしょう。ただ、追々朝鮮人の反抗に対して、懲罰《ちょうばつ》及び報復の為に、手荒く扱ったことは否めません。[*4]

（3）日本へ連行された朝鮮人陶工《とうこう》は自ら望んで帰国しなかった

東京書籍百十一頁、歴史にアクセスで、次のように書いています。

「朝鮮人陶工と日本の陶磁器文化」
文禄《ぶんろく》・慶長《けいちょう》の役《えき》で朝鮮《ちょうせん》に出兵した大名の中には、朝鮮人の陶工《とうこう》をとらえ、連れ帰る者もいました。その陶工によって優《すぐ》れた技術が伝えられ、有田焼《ありたやき》（佐賀県）や薩摩《さつま》焼（鹿児島県）、萩《はぎ》焼（山口県）など、各地で新しい陶器《とうき》や磁器が作られるようになり、江戸《えど》時代になると各地の特産物になりました。特に有田焼は、ヨーロッパにも輸出され、日本を代表する焼き物になりました。

この戦役で、朝鮮に出兵した大名たちは、朝鮮人陶工を捕虜にして日本へ連れて来て、陶磁器を焼かせました。しかしながら、これら陶工たちは帰国する機会があったにも拘わらず、自らの意思で日本に残りました。江戸時代の最初の三回の朝鮮通信使に伴われて、三千人余りの朝鮮人捕虜が帰国していません。東京書籍には書いてありませんが、この時、陶工たちは帰国しないで日本に残留する道を選びました。朝鮮は差別社会ですから、どんなに優れた陶工でも下々の階級です。日本では腕が良ければ技術者、芸術家として尊敬され、高い社会的地位を得ました。恐らく朝鮮人陶工は帰国するよりも、日本で芸術家として尊敬されて暮らしたかったのではないかと推測します。

附《つけたり》　現在も存続する薩摩焼の窯元沈壽官《かまもとちんじゅかん》は、島津義弘に連れて来られた陶工が始祖です。義弘は沈壽官を士分（武士の身分）に取り立て、屋敷を与え本陣経営を任せました。日本では職人でも技量が高ければ身分に依らず尊敬され、それに相応しい処遇を得られました。因《ちな》みに大東亜戦争の開戦時と終戦時に外務大臣を務めた、剛直《ごうちょく》の人東郷茂徳《しげのり》は朝鮮人陶工の子孫です。

朝鮮では「百工巫医《ひゃくこうふい》」と言って、職人、まじない、医者をみな同列に扱って、どんなに優れた技術を持っていても下層階級です。朝鮮は身分差別が強烈な国で、専門的技術者の社会的地位が高くないのです。[*5]

(4) 朝鮮征伐、その後の歴史に与えた影響

東京書籍は「日本の武士や農民も重い負担に苦しみ……」と、言はでもがなのことを敢《あ》えて書き足し、子供たちに支配者（為政者）に対する被害者意識を助長《じょちょう》しています。「豊臣家の支配がゆらぐもとになった」と書くべきです。

参考として、徳富蘇峰《そほう》が挙げる、朝鮮役がその後の日本に与えた影響を見ましょう。[*6] このような観方を、子供たちに教えることは有益です。明の後の清は強い日本軍を恐れ、日本を攻めようという考えを起こしませんでした。

第一、日本の武名を轟《とどろ》かし、支那《しな》、朝鮮を威嚇《いかく》し、対外上に於て、三百年の国家的安全を贏《か》ち得た。

筆者注：支那は清国のこと。日本を恐れて、その後三百年間日本を攻めようという考えをおこさ

なかった。

第二、書籍、活版、製陶《せいとう》等有形・無形の文化を輸入した。

第三、築城術、造船術等の自発的進歩を促した。

第四、偉大なる効果として、日本国民に多大なる自信力を扶植《ふしょく》した。維新回天、日清日露戦役の偉業に少なからざる効果を齎《もたら》した。（筆者、民族の記憶です）

【まとめ】

秀吉の朝鮮の役は、今の道義基準で見れば、侵略には違いありません。しかし、五百年以上も昔の出来事に現在の道義基準を以て非難しても当を得ません。その時代にはその時代の基準があります。アレクサンダー大王も、カエサルも、漢の武帝《ぶてい》も、唐の太宗《たいそう》も、明の永楽帝《えいらくてい》も、マホメットも、ジンギスカンも、ナポレオンも、ロシアのピョートル大帝も、毛沢東も、皆大侵略者です。アメリカ建国の英雄ワシントンも奴隷所有者です。しかし、彼らは皆祖国の英雄として崇《あが》められています。

歴史の事柄を、現在の道義基準を持ち出して善悪や正邪の面だけから批判しても、何も学べません。事柄の因果関係を考察して、そこから教訓を得なくてはいけません。少なくとも、歴史を学ぶ子供たちに、善悪や正邪だけで国際関係を律し切れないことを理解させるべきです。武力を持たない弱い国は侵略を防ぐことができないことは古今を通じて変わらない真理です。

最後に、東京書籍は日本軍が苦戦したとばかり書いていますが、実際はそんなことはありませんでした。明の公式記録「明史 日本伝」に、「明の朝廷と朝鮮には最後まで勝算（勝てる見込み）はなかった。関白（豊臣秀吉）が死ぬに至り、兵乱はようやく収まった」と記されています。[*7]

＊1、2：『近世日本国民史 第7巻 豊臣氏時代丁篇 朝鮮役上巻』徳富猪一郎著、時事通信社
＊3：『続法制史の研究』三浦周行著、岩波書店。禁制第一条 軍勢甲乙人等濫妨藉事
＊4：『近世日本国民史 第7巻 豊臣氏時代丁篇 朝鮮役上巻』徳富猪一郎著、時事通信社
＊5：『日本はなぜ外交で負けるのか』山本七平著、さくら舎
＊6：『近世日本国民史 第9巻 豊臣氏時代己篇 朝鮮役下巻』徳富猪一郎著、時事通信社
＊7：『天皇の国史』竹田恒泰著、ＰＨＰ

江戸時代は調和社会

東京書籍は、江戸時代は武士が百姓を苛《いじ》めた時代、奈良時代の律令制下で都に住む役人が百姓を搾取したこととの繰り返しと教えています。江戸時代は古文書が山のように残っています。それら古文書やその研究成果に一瞥《いちべつ》でもすれば、東京書籍の百姓観は根本的に誤っていることが直ぐに分かるはずです。東京書籍はその労を取らず、陳腐《ちんぷ》な共産主義階級闘争史観一辺倒で江戸社会を説明しています。東京書籍は江戸時代の百姓を虐《しいた》げられた人々に位置づけ、階級闘争史観を子供たちに刷《す》り込みたいよ

うです。「為政者は支配者で悪、被支配者の人々は搾取された可哀想な人たち」は、東京書籍の教科書全編を通底する歪曲《わいきょく》、誤謬《ごびゅう》です。

東京書籍の記述は百十六頁、小見出しは「村と百姓」です。

【村と百姓】
百姓は、全人口の約85%をしめ、村に住んで自給自足に近い生活をしました。百姓には、土地を持つ本百姓《ほんびゃくしょう》と、土地を持たずに小作《こさく》を行う水のみ百姓《びゃくしょう》とがありました。有力な本百姓は、庄屋《しょうや》（名主《なぬし》）や組頭《くみがしら》、百姓代《ひゃくしょうだい》などの村役人となり、村の自治を行いました。年貢《ねんぐ》は村ごとにかけられ、主に米で納められました。年貢の率は、四公六民《しこうろくみん》（40%）や五公五民《ごこうごみん》（50%）などの重いものでした。
年貢は、村の自治を利用して取り立てられ、武士の生活を支えました。幕府は、年貢を安定的に取り立てるため、土地の売買を禁止しました。また、**五人組**の制度を作り、年貢の納入や犯罪の防止に連帯責任を負わせました。百姓は林野や用水路を共同で利用し、田植えなども助け合って行いました。

（1）百姓は武士から搾取《さくしゅ》され放しの対象ではない

東京書籍の右の記述を読む子供たちは、「年貢は重いものでした」「取り立てる」「武士の生活を支えました」「五人組の制度……連帯責任を負わせ」など、為政者・武士による「苛めと搾取」を強く印象付けられます。奈良時代と同工異曲です。百姓たちは支配者に使役《しえき》される可哀想な人々と連想させ、為政者への反感を植え付けています。国家運営の重い責任を負う為政者が一般庶民とは違う生活水準を持つことは常識です。

「年貢は武士の生活を支えるため」という東京書籍の記述は偏見に満ちた説明です。江戸時代の村社会を研究した渡辺尚志《たかし》氏は「武士は、百姓の生活が成り立つよう、治安を維持し、百姓の生産・生活基盤を整備してはじめて、百姓から年貢や諸役（百姓の提供する労働力や金銭）を取り立てることができました」と述べています。*1 武士の生活を賄《まかな》うための年貢という東京書籍の説明は、社会体制の説明ではなく、為政者に対する糾弾《きゅうだん》です。

東京書籍は「四公六民や五公五民などの重いものでした」と書いていますが、江戸時代の産業経済の発展に目を向けていません。幕藩体制は農業生産高に年貢をかける税制でした。従って、百姓は税率の小さかった非農業生産に力を入れるようになり、十九世紀には非農業生産高が農業生産高に匹敵《ひってき》する位に成長しました。百姓たちは五割程も取られる農業生産から、税率二％以下の非農業生産に自然と移行して行きました。*2 東京書籍はこれら社会の移り変わりを書かないで、百姓は武士に虐《しいた》げられる存在にし続けておきたいようです。

(2) 五人組は年貢取り立ての道具ではない

「五人組制度」は、東京書籍が言うように「年貢納入」の道具に使ったものではありません。治安維持が主たる目的でした。[*3] 幕府政治の要諦をまとめた『徳川幕府縣治要略』では、「五人組は法令を守り風紀《ふうき》を正しくし、互に警告せしめる制度」と説明しています。[*4]

働き手が死んだり病気などに罹《かか》って、田畑を耕作できなくなり年貢供出に困った時などは、まず親類縁者、次に五人組に助力が求められ、それでも解決しない場合に、組頭や庄屋など村の管理者である村方三役が解決に当たりました。五人組に連帯責任を負わせることはありません。私は退職後、古文書を十余年齧《かじ》っていますが、五人組に年貢納入の連帯責任を負わせる文書《もんじょ》を見たことがありません。手許《てもと》に三河地方の長山《ながやま》村の文書「五人組帳《ごにんぐみちょう》」があり、二十九箇条の定《さだめ》が書いてあります。しかし、年貢をきちんと納めよとは書いてありますが、未納の時に五人組が連帯責任をとって納めよなどという定《さだめ》はありません。東京書籍の説明は間違っています。

東京書籍は「年貢は村ごとにかけ」「年貢は、村の自治を利用して取り立て」と、武士が村を年貢取り立ての道具にしたと書いていますが、正確に書けば「年貢は村単位で納めることになっており、村役人はそれぞれの百姓が所有する耕作面積や田の等級に応じて[注]公平に割当てました。百姓一人ひとりは自分の分担を承認し、その証拠に捺印《なついん》して納めました」です。東京書籍は村全体の合意による年貢納入の仕組みを教えていません。

（注）田の等級は一般的に上田《じょうでん》、中田《ちゅうでん》、下田《げでん》、下下田《げげでん》の四等級がありました。等級ごとに単位面積当たりの基準収量を決め、それぞれの所有面積に乗じて、個々の百姓が納める年貢高を定めました。百姓たちは、その年貢高一覧表に記載された自分の名前の下の承諾の印に押印しま

した。

（3）武士と百姓の役割分担

東京書籍は、統治者としての武士の役割に触れていません。武士は百姓から収奪して贅沢《ぜいたく》に暮《くら》す寄生虫のように書かれています。

刀狩の兵農分離政策で、武士か百姓かどちらになるかを自ら選択しました。武士は城下の町に住み、百姓を選択した人は村に住みました。武士は為政者としての任を引き受け、百姓はその統治の下で生活を保証され、年貢を納めました。武士は百姓の生活が将来に亘って成り立つように計《はか》らう責任がありました。これが百姓と武士との間の約束事、責任分担です。武士は大河川《だいかせん》の治水工事など農業基盤の整備や不作の時は困窮《こんきゅう》百姓を救済する責務がありました。[*5]大水などで堤《つつみ》や、橋などが破損した場合、小損であれば村が修復し、中損であれば代官や藩が主体となり、もっと大規模であれば幕府が担当しました。

外国の君主や権力者は金儲《かねもう》けのために自ら事業を行いました。中国文明の本質は皇帝を頂点とする商業組織です。[*6]江戸時代の武士はお金に触れることを汚《けが》れとする精神を持っていましたから、金儲けのために自らが事業や商売を手掛けることはありませんでした。武士は主要財源であった米の価格すら決めませんでした。旗本や御家人は札差《ふださし》という商人に扶持米《ふちまい》売買を任せ、米を売った代金を受取りました。その際の米相場を御張紙《おはりがみ》相場と言います。松平定信はその相場を全国平均価格に設定しましたが、その後市価が漸次騰貴《ぜんじとうき》したにも拘《かか》わらず、幕府はその米の換金相場を変えることはありませんでした。幕末の嘉永・安政の頃には米百表の市価四十両に対して御張紙相場は三十両に据《す》え置かれたままでした。[*7] 武士は商人の商いには介入しなかったのです。江戸時代は統治者の武士と被統治者の百姓町人との間に、相互に軋轢《あつれき》を生じさせないような暗黙の内に互いに諒解《りょうかい》し合うものがあったのではないかと想像します。そうであるからこそ、幕藩体制は大きな騒乱もなく二百六十年間も泰平の世が続きました。武士の権力は絶対的なものではなく、町人や百姓も含めて、全体が丸く収まるような社会的規範の範疇《はんちゅう》の中にあったと思われます。

（4）百姓は土地を「売買」していた

東京書籍は「土地の売買を禁止した」と書いています。そういう趣旨の幕府の御達《おたっ》しはありました。しかしながら、御達しにやすやすと従うような柔《やわ》な百姓たちではありませんでした。質入れなどの抜け道があって、事実上売買は茶飯事《さはんじ》でした。広大な田畑を所有する豪農が生まれていく所以《ゆえん》です。

江戸時代、戦乱が収まって平和が続いて人々の嗜好《しこう》が拡大しました。その嗜好を満たすために様々な産業が興り、発展しました。それらの品々の生産、売り捌《さば》くための運送、販売など産業活動が盛んになりました。米を主体とする経済から商品経済へ移行して行ったのです。企業創造意欲を持つ百姓たちは、もし、手持ち資金が乏《とぼ》しければ田畑を質入れして資金を調達しました。質入れが実質的な売買に相当しました。

（５）農村の変化を「農民の没落」と方向違いで説明する

農村の変化を没落する百姓と抵抗する一揆や打ちこわしで説明しています。農村社会のの本質的変化を教えないで、ひたすら百姓を弱者と強調する意図的な偏向記述です。百三十一頁、小見出しは「農村の変化と百姓一揆」です。

【農村の変化と百姓一揆】
農具や肥料を購入《こうにゅう》するようになると、農民にも貨幣《かへい》が必要となり、18世紀には、それまで自給自足に近かった農村は変化していきました。土地を手放して**小作人**《こさくにん》になる者や、都市へ出かせぎに行く者が多くなる一方、土地を買い集めて**地主**となる者が現れ、農民の間で貧富《ひんぷ》の差が拡大していきました。
また、財政が苦しくなった幕府や大名は年貢を増やすようになりました。それに対して、農民は**百姓一揆**《ひゃくしょういっき》で抵抗《ていこう》しました。多くの村が団結して城下におし寄せ、年貢の軽減や不正を働く役人の交代などを要求するようになりました。都市でも、米を買いしめた商人に対する**打ちこわし**が起こりました。

粗略な記述です。先に、幕府は「土地の売買を禁止した」と書きながら、ここでは「土地を買い集めて地主になる」と矛盾《むじゅん》したことを、注釈抜きで書いています。「幕府や大名は年貢を増やすようになりました」と書いていますが、これも正しくありません。江戸時代の年貢率は形式的な側面があったとしても、武士と百姓の両当事者の合意が必要とされていましたから、[*8] 武士は年貢の増加を一方的に申し渡すことはできませんでした。そのため、幕府の年貢収入は少ししか増加しませんでした。[*9] 尾張藩は江戸時代を通じて一度も検地を行わなかったので、年貢率は江戸時代を通じて四公六民に据《す》え置かれたままでした。

次に、東京書籍は「自給自足に近かった農村は変化していきました」と書き、その変化の状態を「土地を手放して小作人になる者や、町へ出かせぎに行く者が多くなる」こととしています。農村が搾取によって次第に衰微《すいび》していって、百姓が小作人に堕《お》ちるとか、出稼ぎ人になったとか、可哀想な百姓たちの姿を連想させています。これは農村社会の変化の説明にはなっていません。まず農村の変化とは、前述したように商品経済の発達に伴い、税率の小さい非農業生産に向かって、新たな事業を開拓し始める百姓たちが現われて来たことです。土地を持たない小作人でありながら事業を起こして金持ちになる者も出て来ました。出稼ぎも、副収入として収入を多くしようとする行為です。農村社会は農業専業から、商品の生産、運搬、販売という新たな商品経済を担う村へと発展していきました。東京書籍はこのような「農村変化」の実態を説明しないまま、飽くまでも「哀れな百姓たち」を子供たちに刷り込む作意です。

「財政が苦しくなった幕府や大名は」と書いていますが、なぜ財政が苦しくなったのか、その理由を書いていません。歴史の事象の因果関係を教えることが歴史教育の重要な目的ですが、東京書籍は因果関係を書きません。これまで述べた通り、幕藩体制の下で社会が安定し、米中心の経済から商品経済、貨幣経済への進展によって、町人が武士よりも多くの富を手にするようになりました。武士は土地に執着《しゅうちゃく》し続けたために、財政が苦しくなり、百姓や町人よりも相対的に貧しくなっていったのです。

（６）一揆の原因は悪事を働く不正代官に対する反抗ではなく、飢饉《ききん》が主たる原因

「年貢の軽減や不正を働く役人の交代などを要求するようになりました」と書いてあります。第一になぜ年貢の軽減を要求したのか、その理由を書いていません。東京書籍は出来事の因果関係を書かない悪癖《あくへき》があります。この頁の上部に「百姓一揆・打ちこわしの発生件数の推移」の図があります。この図を見れば、一揆や打ちこわしの発生は、天明と天保の飢饉の時に集中していることを直《ただ》ちに読み取ることができます。年貢の減免は飢饉が理由で、「不正を働く役人」などではありません。百姓一揆が多発した原因を書くと、「不正をただす百姓一揆」は極稀《まれ》な事件に過ぎないことが分かってしまいます。「為政者に対する反抗」を子供たちに教え込みたい東京書籍には不都合のようです。

天災などで田畑が荒れた時や、天候不良などで見込み通りの収穫を得られない時、百姓は領主や代官などに年貢の減免を願い出ました。年貢を減らしたい百姓と、減らしたくない武士たちとの間で協議がありました。百姓たちは庄屋・名主を訴願人《そがんにん》に立てて、代官や領主に文書で願い出ました。それでも協議が成立しない時は、直接幕府へ訴え出ることもありました。それでも、受け付けてもらえな

い時に、一揆という集団で行う示威《じい》行動を採《と》りました。一揆は集団の力を誇示《こじ》する行為ですが、決して武装しませんでした。一揆には作法があり、家に刀や鉄砲があっても持出しません。手に持つものは鍬《くわ》や鎌《かま》など百姓を象徴する農具だけです。百姓であることを明示し、武士の支配体制そのものに反対しているのではないことを明らかにしました。幕府や大名政治を転覆《てんぷく》しようなどという意思は全くなく、ただ年貢を下げて欲しいという願意だけです。昭和の時代まであった、経営者と労働者の間で行われた賃金増額を要求する集団交渉のようなものです。

（7）一揆、打ちこわしには厳格な作法があった

東京書籍の百三十一頁に「打ちこわしの様子」の絵図があります。この絵にこの家の刀自《とじ》（一家の主婦）と思われる女性が描かれています。この女性は打ちこわしの乱暴狼藉《ろうぜき》の渦中《かちゅう》にあって、驚いて身を引いていますが、身に危険が及ぶことを心配していない様子です。実際に身を傷つけられることはありませんでした。

竹内誠氏は天明の大飢饉の時の江戸の北町奉行所の文書《もんじょ》を調査して、次の様に述べています。

「対象とする特定の家以外には決して迷惑をかけぬという、都市住民としての倫理観が形成されていた。闘争の正当性を主張する不文律の行動規範として、めざす家の建具《たてぐ》や家財を打ち壊しても、商品の米などを道路にひき散らしても、盗みをしないという掟《おきて》が確立していた」[*10]。

流石《さすが》、日本人ではありませんか。見事な倫理観です。一揆や打ちこわしは、世の中の秩序が崩れ始

めた幕末期を除き、家の住人や生活部分には決して手を付けませんでした。柱や壁を傷つける程度で、家屋への放火や略奪も、一揆の指導者によって禁止されていました。[*11] 東日本大震災の時も、食糧を売る店舗やスーパーが襲われることはありませんでした。江戸時代の昔から、日本はこのような国です。東京書籍は江戸時代の百姓町民を馬鹿にしています。

東京書籍が書くような不正を働く代官はいたでしょうけれども、多くはいません。先述の通り、代官や知行主《ちぎょうぬし》に不正行為があったとすれば、まず証拠をあげて藩に提訴し、次に幕府の勘定奉行所へ嘆願し、それでも解決しない時は百姓一揆と、きちんと手順を踏みました。一体、城下まで集団で押し掛ける一揆がどれだけあったのか、その数を知りたいものです。稀《まれ》な一揆を通常の出来事のように子供たちに教えることは間違っています。江戸時代の良き社会を見下《みくだ》すことです。

もう一つ、東京書籍の間違いを挙げます。「からかさ連判状」の説明です。普通はこれを傘連判《かされんぱん》とか車連判《くるまれんぱん》と呼びます。東京書籍は「一揆の中心人物が分からないように、円形に署名したといわれています」とその理由を説明しています。主犯を捕縛《ほばく》されないように、百姓たちがその人を分からなくする対抗手段であったという訳です。しかし、近年の研究では主犯を分からなくすることが目的ではなく、参加者の強い結束を示すためであることが明らかにされています。仲間全員で平等に責任を持とうという意思表示で、日本の伝統を踏まえた共同体意識の表れです。[*12]

(8) 穢多非人《えたひにん》の特殊な自律社会

東京書籍は、百十七頁に小見出し「差別された人々」として、えた身分やひにん身分の人々が被った差別を記述しています。


【差別された人々】

百姓や町人などの身分とは別に、えた身分やひにん身分の人々がいました。えた身分の人々は、農業を行って年貢を納めたほか、死んだ牛馬の解体や皮革《ひかく》業などで生活しました。また、犯罪者をとらえることや牢番《ろうばん》など、役人の下働きも務めました。ひにん身分の人々も、役人の下働きや芸能などで生活しました。

かれらは、ほかの身分の人々から厳しく差別され、村の運営や祭りにも参加できませんでした。幕府や藩は、かれらの住む場所や職業を制限し、服装などの規制を行いました。そのため、かれらに対する差別意識が強まりました。


えた、ひにんは平仮名表記では文章を読みづらいので、以下、穢多、非人と書きます。

東京書籍は子供たちの心に「差別」をすり込むために、間違いや為《ため》にする記述が多々あります。「えた身分は年貢を納めた」は間違いです。穢多は基本的に土地所有を許されていなかったので、物納《ぶつのう》で年貢を納めることはありません。一部の穢多が除地《じょち》（年貢を納めない田畑）を与えられて若干の貢租を金納していました。*13「穢多は役人の下働きも務めました」も間違いです。役人の下働きを務めたのは非人です。東京書籍は穢多と非人を一緒くたに扱っていますが、穢多と非人は別々の存在です。非人は穢多の配下に位置し、穢多から搾取されました。

「えたとひにんは百姓町民身分とは別に」は正確な表現ではありません。彼らは百姓町民の下に置かれた身分です。穢多非人は百姓町民と婚姻した場合には罰せられました。[*14]「村の運営に参加できなかった」と書いていますが、土地を所有しない水呑《みずのみ》百姓も村の運営に参加できませんでした。

関東一円に、一万人以上の乾児《こぶん》（子分）を持っていた穢多の頭目弾左衛門《とうもくだんざえもん》は、幕府から徴税権と司法権を認許されていました。幕府や大名は穢多非人社会には介入《かいにゅう》しませんでした。弾左衛門は乾児から上前を撥《は》ね、掟《おきて》を守らない者を、奉行所へ届けないで処罰《しょばつ》できました。[*15]

弾左衛門は浅草に一万四千四十二坪の地に幾百とも知らぬ軒《のき》を駢《なら》べて太鼓《たいこ》、雪駄《せった》その他の革類を売り捌《さば》き、その中央二千六百四坪に一万石の大名にも劣らざる邸宅を構えていました。弾左衛門の家には常時百五十人の家来が詰めていました。[*16]また、穢多非人は一般人が携われない職種を保障されていました。穢多は死馬牛《しばぎゅう》処分など皮製品を作る仕事の独占権を持っていましたから生活は安定し人口も増えました。

非人は奉行所や牢獄などで働く時は、規定の賃金をもらっていました。また、芝居小屋や乞食からも冥加金《みょうがきん》を貢《みつ》がせるなどして収入を得ていました。非人の頭目の車善七《くるまぜんしち》はこれら非人たちの稼ぎの上前を撥《は》ね、一年に米千石余と金三千五百両の収入を得ていました。この車善七から、さらに上前を撥ねたのが、穢多頭の弾座衛門でした。弾座衛門は毎月千人の非人を課役《かやく》と称して無代価で徴発・使役する権利を持っていました。[17]

東京書籍は「差別」を強調したい余りに、穢多非人の変化に富んだ実態には目を瞑《つぶ》り、「虐げられた人々」と一括《ひとくく》りにして説明を切り上げています。身分差は武士相互の間にも、百姓同士の間にも、穢多非人の間にもありました。江戸時代は身分社会です。東京書籍は身分差別を粗雑に扱い、百姓や穢多非人を一致団結する一枚岩の如く記述する階級闘争史観で説明しています。歴史教科書と銘打つのであれば、もっと正確に叙述すべきです。又、この身分差別は絶対的なものではありません。武士と百姓町民との間には入替りがありました。非人も百姓町民になることができました。江戸時代は身分の間に融通性のある社会でした。

【まとめ】

東京書籍は江戸時代を奈良時代に続いて為政者・支配者による苛めや搾取が横行していた時代と、子供たちに強く印象付けようとしています。「不正を働く役人」と書き悪代官を連想させますが、水利、灌漑《かんがい》、開墾、植林、新作物の奨励など民生の向上を図った役人（循吏《じゅんり》）たちが少なからずいます。[18]これら良き役人がいたことを紹介しなければ、子供たちは江戸時代を武士による百姓搾取が横行した階級制度社会と誤認します。東京書籍はことさらに不正を働く役人を登場させ、為政者に対する謂《い》われなき憎しみを強調し、その上に子供たちに「虐げられて団結する百姓や穢多非人」を登場させて、「反抗」を奨励しています。

もし、江戸時代が身分制度による搾取に苦しむ社会であったとするならば、幕府政治を引っ繰り返すような反乱や革命が起こっていたはずですが、一度もありません。一揆や打ち壊しは年貢減免などの条件闘争の域を出ず、武士による統治体制を容認していました。

江戸幕府二百六十年の治政は悪政ではなく善政です。ですから、江戸時代に被支配階級の人たちが担《にな》った町人文化や経済が栄えました。江戸時代はどんな貧乏人でも皆が生きていくことができました。東京書籍は江戸時代を暗い時代と決め付けて、明るい面を書いていません。

渡辺京二氏の『逝《ゆ》きし世の面影《おもかげ》』に、幕末維新に来日した西洋人が江戸社会を観察した様々な面影を見ることができます。そこに収録されている観察は、東京書籍中学校歴史教科書とは丸きり違った江戸社会の姿です。当時、西洋人たちは世界で最も自由で幸福な庶民の姿を見ています。東京書籍はどの時代も日本の社会は暗かったと教えますが、そんなことはありません。日本は昭和の戦争中と敗戦後の占領中の一時期を除けば、いつも明るく誇らしい社会です。

＊1：『武士に「もの言う」百姓たち』渡辺尚志著、草思社
＊2：『百姓の力 江戸時代から見える日本』渡辺尚志著、柏書房
＊3：『近世農民生活史 新稿版』児玉幸多著、吉川弘文館
＊4：『復刻 徳川幕府縣治要略』安藤博編、柏書房
＊5：『百姓の力 江戸時代から見える日本』渡辺尚志著、柏書房

＊6：『世界史のなかの満洲帝国』宮脇淳子著、ＰＨＰ新書
＊7：『幕末 武家の回想録』柴田宵曲編、角川ソフィア文庫
＊8：『百姓の力 江戸時代から見える日本』渡辺尚志著、柏書房
＊9：『近世日本国民史 第20巻 元禄享保中間時代』徳富猪一郎、時事通信社
＊10：『江戸時代の古文書を読む 寛政の改革』竹内誠著、東京堂出版
＊11：『一揆の原理』呉座勇一著、ちくま学芸文庫
＊12：『百姓の主張』渡辺尚志著、柏書房
『百姓一揆とその作法』保坂智著、吉川弘文館
＊13、14：『国史大辞典』吉川弘文館
＊15、16、17：『徳川制度』加藤貴校注、岩波文庫
＊18：『復刻 徳川幕府縣治要略』安藤博編、柏書房

第四章　近代

征韓論（遣韓論《けんかんろん》）を侵略国家日本の始まりと教える

東京書籍は「遣韓論」を「征韓論」と書き、侵略国家日本の始まりと子供たちに教えたいようです。この時の日韓交渉の詳細を追っていくと、今と同じ、朝鮮の難癖《なんくせ》外交に振り回されて、六年間を無駄《むだ》に費《つい》やした辛抱忍耐の外交だったことが分かります。維新政府は徳川幕府と変わらない同じ旧交継続を求めましたが、朝鮮側は頑《かたく》なに拒否し続け、その上、釜山《ふざん》にあった倭館を兵糧攻めしたり、倭館の壁に嫌がらせの貼り紙までしました。東京書籍の記述は嘘の固まりです。

東京書籍の記述は百七十七頁、小見出し「清や朝鮮との関係」です。

【清や朝鮮との関係】

新政府は、成立とともに朝鮮に新しく国交を結ぶよう求めますが、朝鮮はこれまでの慣例と異なるとして断りました。新政府は、1871年、朝鮮が朝貢する清《しん》と対等な内容の条約（**日清修好《にっしん》条規**）を結ぶことで、朝鮮との交渉を進めようとしましたが、うまくいきませんでした。こうした中、政府内では武力で朝鮮に開国をせまる主張（**征韓論《せいかん》**）が高まり、1873年、使節として西郷隆盛《さいごうたかもり》を朝鮮に派遣することが決定されました。しかし、欧米から帰国し、国力の充実が先だと考えた大久保利通などは、派遣を延期させました。その結果、政府は分裂《ぶんれつ》し、西郷や**板垣《いたがき》退助《たいすけ》**などは政府を去りました。

その後も、日本は朝鮮と交渉を続けましたが、うまくいきませんでした。日本政府は、1875年の江華島《こうかとう カンファド》事件を口実に、翌年朝鮮と条約（**日朝修好条規**）を結び、力で朝鮮を開国させました。条約の内容は、日本のみが領事裁判権を持つなど、日本が欧米諸国からおし付けられた不平等条約と同じようなものでした。

(1) 朝鮮の足掛け六年間の難癖外交

東京書籍は「征韓論」と書いていますが、正しくは「遣韓論」です。閣議を開いて何度も議論したことは、軍事力行使の是非《ぜひ》ではありません。旧交を継続するために、その交渉使として西郷隆盛を遣韓させるかどうかです。また、東京書籍はこの事件が短い期間に生じた事件のように思わせる記述振りですが、実際は後述しますように足掛け六年間にも及ぶ日本の忍耐外交の連続でした。東京書籍の記述は「日本悪玉論」を拵《こしら》える巧妙な書き方です。

朝廷が徳川幕府から政権を取り戻した直後の慶応《けいおう》四年（明治元年、一八六八年）正月、西欧諸国の各国公使を招いて、王政復古の旨趣《ししゅ》を告げ、幕府が西洋諸国と締結した諸条約を維新政府が引き継ぐことを通告しました。西洋各国は直ちに承諾しました。同年九月に朝鮮に対しても、幕府の時と同様に旧好を継続しようと書翰《しょかん》を送りました。*1 ところが、朝鮮は西洋各国とは様子《ようす》が違いました。この書翰には「新しく国交を結ぶ」などということはどこにも書いていません。東京書籍は「新しく国交を」ではなく、「旧来からの国交」と書かなければいけません。東京書籍は日朝交渉の基本的前提を摩《す》り替《か》えています。

維新政府は旧来からの修好を通わそうと呼掛けたのです。しかし、朝鮮の摂政大院君《せっしょうだいいんくん》は日本の開国政策を嫌って修好を拒否しました。表向きの拒否の理由は、日本からの書翰の中に皇祖《こうそ》、皇上《こうじょう》、皇室など「皇」の文字があるからということでした。「皇」の字は朝鮮の宗主国である清国しか使えない文字であって、日本が使うことは不遜《ふそん》であるという言い掛かりです。東京書籍の「慣例と異なる」は、この「皇」の字のことを指します。史実を正しく書くべきです。

その後の度々の折衝《せっしょう》に対しても一向に態度を改めませんでした。最初の国書から二年後の明治三年九月外務卿《がいむきょう》澤宣嘉《さわのぶよし》（外務卿は外務大臣のこと）が朝鮮に改めて送った修好を求める書翰には、拒否の理由とされた「皇」字を書かない譲歩したものでしたが、それでも朝鮮は応じませんでした。それからさらに一年半経った後、漸く朝鮮官吏《かんり》に面接を得ましたが、その応接は日本を馬鹿にしたもので、回答の無期延引を通告して来ました。

明治六年には、「倭館へ布・綿・飴・魚・卵・肉等に至るまで、一切持ち込ませない。もし、魚卵の類少しにても持って参る者があれば守門で取揚げ追い返してしまう」などと、倭館を兵糧攻めにしました。その上にさらに、日本を「無法之国」と糾弾《きゅうだん》する文書を釜山の倭館の門壁に貼付《てんぷ》しました。*2

東京書籍には「うまくいきませんでした」という言葉が二度出て来ます。「うまくいく」などという言葉遣いは、歴史を叙述するために相応しい用語ではありません。物事の因果関係や外交交渉の遣り取りをすっ飛ばした、子供たちを瞞着《まんちゃく》する言葉遣いです。東京書籍はこの言葉遣いで、日本の誠実な外交を言わず、朝鮮の非礼外交を隠蔽しているのです。子供たちは「うまくいかなかった」という言葉遣いから、日本が悪巧《わるだく》みや武力で脅《おど》しを仕掛けたにも拘わらず失敗したのだと、誤解して受け止めてしまうことが心配です。

日本側の朝鮮の意向に配慮した誠実な申し出にも拘わらず、明治元年正月から足掛け六年が経っても、朝鮮の頑冥《がんめい》な態度は少しも変わりませんでした。この間の日朝の外交折衝を徳富蘇峰は、「最早《もはや》日本からは平和手段もて、朝鮮を開導《かいどう》することは、不可能である……日本も随分辛抱《しんぼう》した。明治元年の末から、足掛け六年、正味四年の歳月は、空《むな》しく朝鮮人の為《た》めに、侮辱《ぶじょく》せられ、愚弄《ぐろう》せられ、遂に圧迫せられ、迫害せられ、一切の日本人は、行李《こうり》（荷物）を取り纏《まと》めて、釜山から引き揚げねばならぬ始末に立ち至った。此上《このうえ》は国交を断絶して一切手を引く乎《か》、武力を以て、彼の頑冥《がんめい》を膺懲《ようちょうこ》(懲らしめる)する乎、二者択一他に策の施《ほどこ》す可《べ》き様はなかった」と言っています。*3

日本は韓国に侮辱され愚弄《ぐろう》され圧迫されて、隠忍自重《いんにんじちょう》すること足掛け六年、それでも忍耐を通しました。倭館の門壁に日本を「無法之国」と書いた非礼文書を貼るやり方は、京城《ソウル》の大使館前や釜山の領事館前に慰安婦を象徴する少女像を置く嫌がらせと同じです。朝鮮人の国民性は今も昔も変わらないと、慨嘆《がいたん》せずにおられません。

維新政府の隠忍自重にも拘らず、朝鮮は倭館に対して少量の食糧の売渡しさへも妨碍《ぼうがい》し、倭館を兵糧攻めにしました。倭館にいる邦人保護も重大な問題になりました。邦人を守るために、西郷隆盛は兵隊を派遣することを一度は考えたようです。しかし、いきなり兵を送れば、朝鮮側から見れば兵力をもって威喝《いかつ》されたと邪推《じゃすい》されます。将来に禍根《かこん》を残すことになるとして、取り止めました。*4

(2) 西郷隆盛「遣韓」の目的

東京書籍は「政府部内には武力で朝鮮に開国をせまる主張（征韓論）が高まり、1873年、いったん使節として西郷隆盛を朝鮮に派遣することが決定されました」と書いていますが、西郷隆盛は朝鮮に開国を武力で迫るなどという考えは毛頭《もうとう》ありませんでした。西郷は兵を連れず単身で出向く決心でした。第一に修好を結ぶこと、第二にそれが叶《かな》わず、自分が非業《ひごう》にも殺されてしまえば、その時にこそ武力開国の口実になると考え、身を捨て石にする覚悟でした。飽くまでも、征韓が目的ではなく、開国が目的です。そのための遣韓です。

西郷隆盛は命を懸けて朝鮮政府を説得しようと考え、決死の覚悟で遣韓を主張しました。時の政府は、もし西郷隆盛が殺される事態にでもなれば、国の威信を懸けて戦争に及ばねばならぬ仕儀《しぎ》に立ち至ってしまうことを恐れ、岩倉具視と大久保利通は非常手段を執《と》って西郷隆盛の遣韓を阻止しました。これが、「征韓論」ならぬ「遣韓論」の顛末《てんまつ》です。

(3) 江華島事件後の日朝修好条規締結は日朝間の民間貿易を円滑に行う目的

朝鮮は一向に日本との交渉に応じようとしなかったので、虚《むな》しく九年の歳月を無駄にしました。日本は武力を示威して朝鮮を交渉の場に引き出すために、雲揚号《うんようごう》を江華島付近へ派遣しました。雲揚号が飲料水を求めて陸に近づいた時、いきなり朝鮮が雲揚号に向かって砲台から砲撃したため、日朝間に武力衝突が生じました。これが江華島事件です。

東京書籍は「日本政府は、1875年の江華島事件を口実に、翌年朝鮮と条約（**日朝修好条規**）を結び、力で朝鮮を開国させました。条約の内容は、日本のみが領事裁判権を持つなど、日本が欧米諸国からおし付けられた不平等条約と同じようなものでした」と、江華島事件を口実に、朝鮮を開国させ、不平等条約を結んだと、恰《あたか》も不平等条約を結ぶことが目的だったのごとく教えています。日本は武威を示して朝鮮を会談の席に就かせ、貿易協定を結ぼうとしたのであって、武力衝突を起こす意図は全くありませんでした。*5

この砲撃事件は朝鮮が引き起こしました。この後の談判《だんぱん》で、朝鮮はいきなり砲撃したことに関し謝罪状を日本に差出しました。日本は飽くまでも、戦争などという大事に至らないで、平和裡《へいわり》に交渉し互いに公平な貿易協定を結ぶ計画でした。ペリーが武力をちらつかせて日本を開国させたやり方と同じです。日本の朝鮮に対する交渉目的は不平等条約を結ぶためではなくて、日朝間で円滑《えんかつ》な民間貿易を可能にすることが主目的です。東京書籍の書き方は、日本が朝鮮と不平等条約を結ぶために、悪意で朝鮮を引っ掛けたような書き振りです。東京書籍は日本の行動を正確に子供たちに教えるべきです。

江華島事件という武力衝突の後で、日朝修好条規を締結しました。これは日本に有利な不平等条約です。治外法権は不平等ですが、当時の朝鮮は両班《やんばん》が恣意的《しいてき》に罪科を課す国で、法律に則《のっと》った公平な裁判など望むべくもありませんでした。非法治国家朝鮮で、日本人を朝鮮の裁判などに委《ゆだ》ねることはできません。この時代、朝鮮においては、それぞれの国の国民はそれぞれの国の司法で裁判することが妥当です。東京書籍の日本非難は当を得ていません。

(4) 帝国主義時代は不平等条約が当たり前

帝国主義時代は弱肉強食の時代、弱い国が何もしないで安穏《あんのん》に生きて行けるような甘い世界ではありませんでした。日朝修好条規が対等でないからと言って、現在の道義基準を盾《たて》に取って、この時代の日本の行為を責めることは的外れです。武力衝突後勝負が決まった後で締結する条約は、不平等条約が当たり前です。この時代に国家間を律する基準は道義ではなく軍事力です。歴史教科書は正邪善悪の裁定《さいてい》ではなく、時代情況や事件の因果関係を解説すべきです。

日清戦争後、アメリカはハワイを併呑《へいどん》し、その後フィリピンをスペインから奪って植民地にしました。日清戦争で敗北した清国の弱体を見透《みす》かした西欧列強は清国の領土を競い合って蚕食《さんしょく》しました。昭和二十年に大東亜戦争が終わっても、帝国主義は終わりません。フランスはベトナムを、オランダはインドネシアを再び植民地にしようと軍を派遣し、独立を目指す現地軍と戦争を起こしました。アメリカも太平洋制覇《せいは》ための軍事基地として、日本の信託統治下にあった太平洋諸島を手に入れました。昭和二十一年にフィリピンが独立した後でも、犯罪を犯したアメリカ軍人はフィリピン側ではなく、アメリカの軍事法廷で裁かれました。その裁判は治外法権です。不平等条約の是正は第二次世界大戦を過ぎた後まで待たねばなりませんでした。

【まとめ】

今も、日本は韓国政府や韓国人の非常識に辟易《へきえき》しています。明治維新政府も忍耐我慢の連続でした。現在、韓国が言いたい放題、遣《や》りたい放題にしている竹島不法占拠、慰安婦詐術問題、旧朝鮮半島労働者賃金重複請求問題は、朝鮮人の民族性を「歴史の鏡」として考察すると、解決不能です。長丁場を覚悟して付き合わねばなりません。そもそも解決できるとか話し合いで解決しようなどと考えることは見当違《けんとうちが》いです。

東京書籍は、幕府と締結した条約を維新政府が引き継ぐことを、西洋諸国は異論なく承諾したことを書いていません。書けば、朝鮮の異常性が際立《きわだ》つので東京書籍は隠しています。歴史教科書と言うならば、新政府は旧政府が締結した条約を引き継ぐという外交常識を教えておくべきです。東京書籍は七分三分の内、朝鮮に都合の悪い七分を書きません。徳富蘇峰が言う、外交場裡《り》において欠くべからざる「国家の尊厳」も子供たちに教えていません。

征韓論、否、遣韓論が由《よ》って来たった下地を、大よそ理解できたと思います。維新政府の当事者たちの、常識が通じない朝鮮に対する怒《いか》りが征韓論の呼び名を生起《せいき》させたのです。

＊1：『近世日本国民史 第86巻 征韓論 前篇』徳富猪一郎著、時事通信社
『明治新政府の権力構造』福地惇著、吉川弘文館
＊2：『秩禄処分』落合弘樹著、講談社学術文庫

＊3：『近世日本国民史 第86巻 征韓論 前篇』徳富猪一郎著、時事通信社
＊4：『維新新秘話 第十巻』伊藤痴遊著、平凡社
＊5：『近世日本国民史 第92巻 外交雑事篇』徳富猪一郎著、時事通信社

大日本帝国憲法（明治憲法）を天皇専制主義憲法と曲説

大日本帝国憲法は、日本が列強に伍《ご》して国際社会の中で独立した主権国家として生存して行くために、当時一級の政治家である伊藤博文を起用して、十三年間の歳月を掛けて制定しました。大日本帝国憲法は我が国の伝統や国柄を保持しつつ、欧米の成文憲法の形式を採用して、国民全体の力を最大に発揮できる国民国家^注を創《つく》る骨格を固めました。国民国家を作るために、嘗《かつ》て武士が独占していた政治機構に、百姓町民などの一般庶民も参画できるようにしました。一般庶民は江戸時代には夢想もし得なかった諸権利を手にしました。

明治四年から凡そ二年間、岩倉具視《ともみ》を全権大使とする使節団を、欧米諸国の富強の源を調査するために派遣しました。彼らは西洋諸国の富強の基には、国民としての責務を自覚する民度の高さと、その国民を一致協力させる仕組みとしての議会政治の存在を看取《かんしゅ》しました。国民の民度の高さの重要さを自認した明治政府は、国民に教育を普及して民度を高め、そして、国民にできるだけ多くの権利と

自由を与えようと考えました。後述する明治天皇の思召《おぼしめし》や第二十九条の言論・集会・出版・結社の自由を予《あた》える条文を読めば明らかです。東京書籍は国民の権利や自由を制限したと書いていますが、もしそうであれば、国民国家を作ることができません。東京書籍の憲法説明は白を黒と言い包《くる》める物言《ものい》いです。

西洋の憲法は、国民から権利や自由の拡大要求を受けて、国王が譲歩する形で制定されました。しかるに、日本においては、国民からの要求を俟《ま》たないで、天皇が進んで国民に権利や自由を与えました。日本国民が得た自由や権利は、その当時の欧米の国民が得ているそれらと少しも遜色《そんしょく》がありません。何よりも、一般国民が選挙権を行使して為政者たる国会議員を選ぶ権利などは、江戸時代には夢想だにできなかった権利です。

東京書籍は、大日本帝国憲法は天皇が上から押し付けた憲法で、そのために国民は天皇に奉仕する臣民（家来を連想させる）にされ、種々の権利を制限されたと強弁《きょうべん》しています。東京書籍はどこまでも専制主義憲法と決めつけようとする悪意を感じます。歴史教科書であるならば、その前の徳川幕府時代に比べて国民の自由や権利がどのように進歩し向上したかを素直に解説すべきです。

東京書籍の記述は百八十四～五頁、次の通りです。

【憲法の準備】
政府は、約束した国会を開設するために、憲法を制定する必要がありました。伊藤博文《いとうひろぶみ》は自らヨーロッパへ調査に行き、君主権の強いドイツやオーストリアなどの各地で憲法について学びました。帰国後は憲法制定の準備を進め、1885（明治《めいじ》18）年に**内閣制度**ができると、伊藤は初代の内閣総理大臣（首相《しゅしょう》）に就任しました。また、伊藤が中心になって憲法の草案を作成し、枢密院《すうみついん》で審議《しんぎ》を進めました。

【憲法の発布】

1889年2月11日、天皇が国民にあたえるという形で**大日本帝国《ていこく》憲法**が発布されました。憲法では、天皇が国の元首として統治すると定められました。また、**帝国《ていこく》議会**の召集《しょうしゅう》や衆議院の解散、陸海軍の指揮、条約の締結《ていけつ》や戦争の開始・終了《しゅうりょう》（講和）などが、天皇の権限として明記されました。内閣については、大臣は、議会ではなく天皇に対して、個々に責任を負うとされました。議会は、国民が選挙した議員で構成する衆議院と、皇族や華族《かぞく》、天皇が任命した議員などで構成する貴族院の二院制でした。議会の権限にはさまざまな制限がありましたが、予算や法律の成立には議会の同意が必要だったので、内閣は政策を進めていくうえで、議会の協力を必要としました。また国民は天皇の「臣民」とされ、議会で定める法律の範囲《はんい》内で言論・出版・集会・結社・信仰《しんこう》の自由などの権利が認められました。

憲法に続いて、民法や商法なども公布され、法制度が整備されました。このうち民法は、一家の長である戸主《こしゅ》が家族に対して強い支配権を持つことを定めており、「家」を重視するものでした。

また、憲法発布の翌年には**教育勅語**《ちょくご》も出されて、忠君愛国の道徳が示され、教育の柱とされるとともに、国民の精神的なよりどころとされました。

（注）国民国家は、国民が自国を自分の国と思う国です。江戸時代は、国と言えば日本国家を指《さ》すのではなく大名などが治める領国《りょうこく》のことでした。今でも、郷里に帰省することを「国に帰る」と言います。戊辰《ぼしん》戦争で、板垣退助が会津《あいづ》を攻めた時、何百年も会津の殿様に忠義立てしていた領民たちが、その殿様を見捨ててどんどん逃げて行くのを見て、これでは外国と戦えないと慨嘆《がいたん》しました。馬関《ばかん》戦争の時も、長州藩の百姓たちはフランス人兵士からお金をもらって、破壊された殿様の砲台から大砲などを嬉々《きき》としてフランスの軍艦へ運びました。西洋列強は王様の国から国民国家へ変貌《へんぼう》を遂げていました。日本も西洋列強に対峙《たいじ》するために、国民国家への大改革が焦眉《しょうび》の急でした。

(1) 東京書籍は、天皇を専制主義国家の独裁君主に故意に仕立て上げている

鎌倉、室町、江戸の各時代に、東京書籍歴史教科書に天皇は登場しません。徳川家康が征夷大将軍に任ぜられた記述も「家康は朝廷から征夷大将軍に任命され」と書き、「天皇から任命された」とは書きません。源頼朝は「任命され」とだけ書き、任命者である天皇も朝廷も省略しています。このように何百年間も天皇の存在を消しておきながら、明治維新になると、突如《とつじょ》として絶大な権力者・専制

君主として登場させます。日本人の記憶に専制君主として、国民に向って権力を振り翳《かざ》す天皇像はありません。天皇はいつも国の安泰と国民の安寧《あんねい》を祈って下さる御方です。これが、天皇に対する民族の記憶です。東京書籍の記述は民族の記憶と乖離《かいり》しています。

東京書籍は「立憲制国家の成立」という項の、百八十四頁から百八十五頁の見開き二頁の中に、十九箇所も「天皇」という文字を書き連ねて、天皇を「独裁者」「権力者」の権化《ごんげ》のように見せています。次の通りです。

・天皇が国民にあたえるという形で大日本帝国憲法が発布
・天皇が国の元首として統治する
・天皇の権限として明記
・大臣は、議会でなく天皇に対して、個々に責任を負う
・天皇が任命した議員
・国民は天皇の「臣民」とされ
・天皇は陸海空軍を統帥《とうすい》す（筆者：「空」は東京書籍の誤植、この教科書を採択した教育委員諸氏は教科書を読んでいない？）
・天皇の名により裁判を行う
・（内閣は）天皇の政治を補佐する

等々です。江戸時代まで、天皇の存在を抹殺《まっさつ》しておきながら、大日本帝国憲法の記述になると、突《とっ》

如《じょ》、何度も天皇という文字を書き連《つら》ね、天皇が宛《あたか》も独裁権力者であるかのような様相《ようそう》を帯《お》びさせます。
東京書籍は子供たちに誤った天皇像を印象付けることを狙《ねら》っているようです。

（2）大日本帝国憲法は五箇条御誓文《ごかじょうのごせいもん》を具現したもので、専制政治を志向《しこう》したものではない

大日本帝国憲法は立憲君主制を定める憲法です。天皇の権限は制限され、絶対権力者などではありません。「君臨すれども統治せず」の模範です。この点は詳しく後述します。

明治維新は王政復古、即ち、「神武《じんむ》創業《そうぎょう》の古《いにしえ》に復《かえ》る」という復古を掲げて、新政府を樹立しました。王政復古とは天皇親政に回帰すること、政治を幕府の将軍に委任するのではなく、天皇自らが政治の主体になるということです。天皇親政は天皇独裁とか天皇専制ではありません。その政治の目指す所は、天皇が神々に誓った五箇条御誓文の第一条「広く会議を興《おこ》し、万機公論《ばんきこうろん》に決すべし」です。天皇の下で広く国民の意見を聞いて政治を行うという趣旨です。議会政治を定める大日本帝国憲法は五箇条御誓文の延長線上にあり、御誓文の精神を具現化したものです。

（3）明治天皇の憲法制定の際の思召《おぼしめし》・御方針

宮内省で『明治天皇紀』の編纂《へんさん》事業に携わった渡辺幾次郎は、憲法制定に際しての明治天皇の御心を次のように拝察しています。[*1]

その一は、許す限り多くの自由と参政権とを国民に与えて、国民の要望・要求を満足させたいということである。これは万民の父母たる天皇として、国民に対する同情である。

その二は、こうして立憲政治を創始することによって、我が伝統精神にもどり、祖宗《そそう》の遺訓《いくん》にたがわぬようにということである。これは天つ日嗣《ひつぎ》の天皇として祖宗《そそう》に対する御責任である。（傍線筆者）

渡辺はその一について、枢密院で三回の審議を重ねたが、第一審よりも第二審において、第二審よりも第三審において、より多くの権利が議会、即ち国民に与えられたと述べています。東京書籍の記述とは反対です。

（4）大日本帝国憲法は十三年の歳月をかけ、真剣な調査起草審議を経て制定した

明治九年九月六日、明治天皇は元老院議長有栖川《ありすがわ》熾仁親王《たるひとしんのう》に左の勅語を賜わって、憲法起草を御命じになりました。

朕《ちん》爰《ここ》に我が建國の體《たい》に基き、広く海外各國の成法《せいほう》を斟酌《しんしゃく》し、以《もっ》て國憲を定めんとす。それ宜《よろ》しく汝《なんじ》等《ら》之《これ》が草案を起創し、以《もっ》て聞《ぶん》せよ。朕将《まさ》に之を撰《えら》ばんとす。

明治天皇は「日本の建国の姿、即ち国体に基き、海外各国の成文憲法を比較考量して、国の憲法を定めよう」と仰せになっています。「我が建國の體」は、古事記に書かれているように、天皇独裁ではありません。神武天皇が御東征を決意した時、御兄弟や群臣に諮《はか》り、賛同を得て決定しています。聖徳太子の「十七条憲法」の第十七条「大事なことは皆と相談して決めよ」は、神代《かみよ》の昔から我が国の伝統、民族の記憶です。

伊藤博文は我が国の国体即ち国の成立ちを研究し、そして、西洋各国の憲法の形式を採り入れて、憲法草案を起草しました。明治二十一年四月に明治天皇へ憲法草案を捧呈《ほうてい》するまで、足掛け十三年を要しました。明治二十一年五月から翌年一月末まで八ヶ月間の長きにわたり、枢密院において明治天皇御親臨《ごしんりん》の下で皇室典範と大日本帝国憲法を審議しました。憲法審議は六月十八日から七月十三日まで、十回の審議を重ねました。その間の明治天皇の御様子を、少し長い文章ですが、里見岸雄博士の文章を以て拝見します。この文章を読めば、明治天皇の国憲を定めるという国家の重大事に対する御精励《せいれい》と重臣たちの真剣な審議の様子が伝わって来ます。東京書籍の粗陋《そろう》な専制君主像は吹っ飛んでしまいます[*2]。

　天皇は一回も御欠席なく、定刻には寸秒のちがいもなく玉座におつきになり、玉座は肱掛《ひじかけ》椅子であるにも拘らず終始唯《ただ》の一回も肘《ひじ》をおつきなったことがない。夏の事で、焼けつくような西日が真正面から玉座に射《さ》しこんできても暑いともおっしゃらない。殊《こと》に、二十一年一月十二日、衆議院議員選挙法の審議中一人の侍従《じじゅう》が入ってきて伊藤（博文）議長に何事かを耳打ちし、伊藤立って低声に陛下に奏聞《そうもん》したが、天皇は御顔色も変らず議事をお進めになった。会議が終了して入御《じゅぎょ》の後、博文が一同に報告した事により、事情がはじめて明かになったが、それによると、皇子昭宮《あきのみや》親王殿下が薨去《こうきょ》なされたので博文は会議中止の上入御をお願いしたところ此《この》一条の審議を終ってから入御なさるという御意志であったということであった。一同は恐懼《きょうく》もしたが感激もその極《きょく》に達した。偉大といってしまえばそれだけだが、国家至高の地位にいます天皇おん自ら率先して公《おおやけ》の事のためには私事を後にすべきことを御垂範《すいはん》なされた御心の深さには、誰一人として心から感激を覚えぬ者は無かった。

この文章の中に、明治天皇に独裁者の片鱗《へんりん》はいささかも窺《うかが》うことができません。神武天皇が東征を決意し御兄弟や群臣にお諮《はかり》になった時も、かくやと想像されます。憲法制定は君と臣が共に協力して、世界に示して恥ずかしくない優れた憲法を作ろうという真剣な気魄《きはく》が自《おの》ずと伝わってきます。東京書籍の執筆者は憲法制定に携わった明治天皇初め当事者たちの真剣な意気込みを知っているでしょうか。明治天皇の所作《しょさ》のどこを探しても独裁者の徴《しるし》などはありません。子供たちは東京書籍の天皇に関する書き振りをどう読み取るでしょうか。彼らはまだ我が国の歴史や天皇についての知識をほとんど持っていません。そんな真っ白の頭の中に、誤った天皇像を埋《う》め込みたくはありません。後述する現日本国憲法の制定経緯とは霄壌《しょうじょう》の間《かん》、天地の差があります。

(5)「しらす」ということ

「しらす」という言葉について書きます。憲法第一条は「大日本帝国は万世一系の天皇之《これ》を統治《とうち》す」です。起草の中心人物であった井上毅《こわし》は、当初、「統治す」ではなく、「しらす」としましたが、伊藤博文が「しらす」という言葉を国民は理解し難いので、「統治す」に変えさせました。このことをご存じの読者は多くいらっしゃると思います。以下、「しらす」の意味を、竹田恒泰様の講演でお聞きしたことを、記憶を頼りにお話します。私の聞き覚えですので、文責は全て私にあります。

古事記は「しらす」と「うしはく」という言葉を明確に使い分けている。国を治める行為を、天皇の場合は「しらす」と書き、知るということ。豪族の場合は「うしはく」と書いている。「しらす」とは、民の実情や窮状《きゅうじょう》などの有様を知ることにより、物事が自然に治《おさ》まってしまうことを言う。

その事例。天皇陛下は地震や台風などで災害を被《こうむ》った県の知事が上京する際にその知事を皇居に招き、災害の状況はどのようであるかと御下問《ごかもん》になる。そして、暫《しばら》く後にその知事が上京することがあれば、再び皇居に招いて復興はどうなっているかと、また、お訊《たず》ねになる。このような御下問を受けるとなれば、知事は復興に全力を注《そそ》がねばならない。陛下に嘘を言う知事はいない。だから、自然に復興が進む。これが「しらす」ということであり、結果として、国が治まっていくのである。

という趣旨のお話でした。明治天皇も昭和天皇も、太上《だいじょう》天皇（上皇）陛下も今上《きんじょう》陛下も、皆、下情《かじょう》をお知りになる機会を逃しませんでした。明治天皇の全国御巡幸、昭和天皇の国民を直接慰《なぐさ》め復興努力を激励《げきれい》するための戦後の御巡幸、太上天皇陛下に置かれましても、日本地図にご訪問の印をお打ちになるお姿をしばしばテレビで拝見します。

（6）東京書籍は馴染《なじ》みのない用語「臣民」を「天皇の家来」と誤解させている

閑話休題。次に、東京書籍は憲法条文を正直に解説していません。国民は自由を束縛《そくばく》されていたと、子供たちに間違ったことを教えています。東京書籍は次のように、大日本帝国憲法・明治憲法を説明しています。

国民は天皇の「臣民」とされ、議会で定める法律の範囲内で言論・出版・集会・結社・信仰の自由などの権利が認められました

私はこの文章を読んだ時、何ともしっくりしない違和感を覚えました。国民が天皇の「家来」にされ、日常生活の言動や信仰のことにまで国家の制約を受けたと思わせます。東京書籍の執筆者は、子供たちを暗い圧政社会へ誘導するために、巧妙《こうみょう》に言葉を選び文を運んで教科書を綴《つづ》っています。

まず、「国民は臣民とされ」と書き、「臣民」という言葉の説明がありません。子供たちは「臣下」や「家臣」という言葉から連想して、天皇の「家来、天皇の命令に従わされる家来にされた」と勘違《かんちが》いするに違いありません。「臣民」は馴染《なじ》みのない言葉ですから、東京書籍は「国民と同義」と注記を入れなくてはいけません。辞書には「君主国の人民。また、明治憲法のもとで、天皇、皇・公族以外の者」とあります。臣民は君主国の人民、国民のことです。東京書籍は注記を失念《しつねん》したのではなく、わざと省《はぶ》いたと私は推測します。

これに続く文章で「言論・出版・集会・結社・信仰」と五つもの事柄を並べ、それらが「法律の範囲内で自由」と書き、言論活動や信仰に対して不自由な束縛《そくばく》を連想させています。

明治憲法の条文に目を通せば、明治時代は国民が今享受《きょうじゅ》している自由とほとんど何ら変わらないことが分かります。私の父母は大正一桁《ひとけた》生まれで、戦前を実体験している世代です。その父母から、政治的なことを含め日々の生活や言動について、不自由で窮屈な生活感情を一度も聞いたことがありません。戦前の生活は戦後と何ら変わらない自由があって、制約などは少しも感じなかったようです。戦前を知らない親を持つ子供たちは、東京書籍で教えられる不自由な生活を本当のことと誤認してしまいます。

「臣民」は「国民」と同義です。明治憲法の下では、皇族以外の人は全員が臣民でした。即ち、公《く》家《げ》も武士も神官も僧侶も百姓や町民、穢多非人に至るまでみんなが同じ臣民です。そして国民皆が平等になりました。このような解説があれば、子供たちは明治維新の重要な政策である四民平等のことだと理解します。

東京書籍の憲法解説の問題個所を『憲法義解《ぎかい》』と対照しつつ批判します。『憲法義解』は伊藤博文が明治天皇に捧呈《ほうてい》した憲法の解説書です。実際の執筆者は憲法起草で中心的役割を担った井上毅《こわし》です。憲法条文は要点記載に止め、その細目は社会の進歩や情況の変遷《へんせん》に応じて、法律や政令などでその時々に定めていく考えでした。そのため、憲法条文は短く簡潔に表現されています。そこで、後になって解釈を誤らないように、井上は憲法の条文を逐条《ちくじょう》解説した『憲法義解』を書著《かきあらわ》しました。

憲法義解は「臣民」について、「日本臣民とは外国臣民と之を区別するの謂《いい》なり」と、日本臣民と外国臣民を併記《へいき》しています。即ち、臣民とは国民と同義です。

東京書籍は、大日本帝国憲法の説明を執筆する際に『憲法義解』を参照していません。歴史教科書として等閑《なおざり》です。注記を省いて臣民を「天皇の家来」と誤解させせようとする底意《そこい》を感じます。

（7）明治憲法によって百姓町民が嘗《かつ》ての統治者である武士階級と同等の権利を持った

東京書籍は明治憲法によって、江戸時代には持てなかった諸々《もろもろ》の自由や権利を、国民が得たことを全く書いていません。

明治になって臣民即ち国民が、江戸時代に比べて身に染《し》みて感じたことは、武士と対等の権利・義務を与えられたことです。徳川時代には自分より身分が高かった武士階級と、天皇の下で同じ一律平等の権利を保障されました。平たく言えば、侍の子も百姓町民の子も、一緒に机を並べて勉強したり、もし百姓町民が軍人になれば、部下の武士に突撃を命じることだってできるようになりました。百姓町民身分の者にとっては、驚天動地《きょうてんどうち》の変革です。東京書籍は七分三分の内、七分を教えません。

（8）天皇は憲法の条規に従う立憲君主

東京書籍は、明治憲法は天皇に権力が集中し、恰《あたか》も天皇が独裁者であるかの如く説明しています。間違っています。

○第四条　天皇は国の元首にして統治権を総攬《そうらん》し、此の憲法の條規《じょうき》に依《よ》り之《これ》を行う

憲法義解：統治権を総覧するは主権の体《たい》なり、憲法の条規に依り之を行うは主権の用なり。

筆者注：主体である天皇は憲法の定める条規（用）に依って主権を行使するのです。天皇専制主義国家を作る意志はありませんでした。

○第五十五条　国務各大臣は天皇を輔弼《ほひつ》し其の責に任ず。凡《すべ》て法律勅令《ちょくれい》其の他国務に関《かかわ》る詔勅《しょうちょく》は国務大臣の副署《ふくしょ》を要す

憲法義解：立憲の目的は主権の使用をして、正当なる軌道に由《よ》らしめむとするに在《あ》り。即ち公議の機関と宰相の輔弼に依るを謂《い》ふなり……（大臣）は君命を藉口《しゃこう》して以て其の責を逃るることを得ざるなり

筆者注：憲法を定めて政治を行う目的は、主権者たる天皇が国の公《おおやけ》の機関、即ち内閣や議会を使い、宰相（大臣）の輔弼に依って行うことにある。天皇が私的な機関を使って、何がしかの事を行うことはできない。輔弼は、天皇の行為について進言し、採用されたならその全責任を負うことです。即ち、

天皇の名に於て行う政治の全責任を大臣が負うことを憲法は定めています。憲法義解は続けて、大臣は天皇の口を藉《かり》て責任逃れしてはならないとも言っています。

○憲法第五十五条の「副署《ふくしょ》」

憲法義解：大臣の副署は左の二様《によう》の効果を生ず。一に法律勅令及其の他国事に係る詔勅は大臣の副署に依《より》て始めて実施の力を得《う》、大臣の副署なき者は、従て、詔命の効なく外に付して宣下《せんげ》するも、所司の官吏之を奉行《ぶぎょう》することを得ざるなり。二に大臣の副署は大臣担当の権と責任の義を表示する者なり

筆者注：副署は二つの効果を生ずる。一に、法律やその他の国事に係る詔勅は、天皇が発出したものであっても大臣の副署がなければ効力を生じない。二に、副署は法律や詔勅の責任が天皇にではなく、副署した大臣にあることを表示している。

以上、東京書籍が「天皇は専制君主」であると子供たちに教えようとしていることは間違っていることが明らかです。

明治維新は王政復古が目的です。その当初、慶応四年（一八六八年）三月に、五箇条御誓文第一条「広く会議を興し、万機公論に決すべし」を掲げました。そして、明治二十二年二月憲法を発布し、明治二十三年に衆議院選挙を実施し、同年十一月に第一回帝国議会を開催しました。この時、政府は薩長が牛耳《ぎゅうじ》る藩閥《はんばつ》政治で、薩長出身者が権力を掌中《しょうちゅう》に握っていましたけれども、薩長以外に広く民間の有

志者へも政治の門戸《もんこ》を拡《ひろ》げました。そして、律儀にも五箇条御誓文を遵守《じゅんしゅ》し、選挙によって選出された議員による議会政治へと漕《こ》ぎ着け、立憲君主国家日本を確立しました。我が国は神代の昔から今に至るまで、天皇による専制政治などはありません。

補足します。日清・日露戦争や大東亜戦争開戦に、天皇はいつも反対でした。しかしながら憲法の条規に依り、首相以下内閣の決定に「朕《ちん》、心ならずも」と仰って御裁可なさいました。もし、東京書籍が主張するように、天皇に専制権があるならば、天皇は開戦を拒否できたはずです。しかし、憲法の条規によってできませんでした。

（9）東京書籍が教えない国民が得た自由

東京書籍は隠して書かない国民が得た自由があります。明治維新後、臣民即ち国民が自由になったと実感したことは、居住、移転、旅行などの自由です。江戸時代、百姓などが結婚や養子縁組などで、他の町村へ居所《きょしょ》を移す場合は、現住所の庄屋の身元《みもと》保証、旦那寺《だんなでら》に宗門改《しゅうもんあらた》めの書類を以て、出元と出先それぞれの承諾を得なくてはなりませんでした。町人も同様です。身元保証を得られない人は無宿人《むしゅくにん》、現在で言えば住民登録のない人です。明治憲法第二十二条に、「日本臣民は法律の範囲内に於て居住及移転の自由を有す」と謳《うた》っています。江戸時代、百姓は重要な生産力でしたから、村人が勝手に村から出て行けないようにしました。出て行ってしまえば耕作者が足りなくなり、領主たちにとって困ることでした。そのため、移住には煩《わずら》わしい手続きを踏ませました。明治憲法によって、国民は誰の許しもなしに自由に居住地を選択できるようになりました。

『憲法義解』はこの自由について、「江戸時代に庶民が旅行や移転の自由を持たなかったことを、丸で植物の類《たぐい》だ。これを改めて国内であれば何《いず》れの地に住んで営業できることを自由にする」と解説しています。「法律の範囲内に於て」は「国権の必要より生ずる制限」として、国用の妨《さまた》げにならないこと、例えば軍事基地や飛行場、軍港の周辺の土地を使用制限しなければならないことで、今と何ら変わりません。

(10) 被支配者であった百姓町民も統治者側の文武官になる権利を得た

第十九条「日本臣民は法律命令の定むる所の資格に応じ、均《ひとし》く文武官《ぶんぶかん》に任ぜられ、及《および》其の他の公務に就《つ》くことを得《う》」で、臣民即ち百姓や町民など一般人は、武士に独占されていた文武官やその他の公務、即ち統治者側になることができるようになりました。

その「法律命令の定むる所の資格」について『憲法義解』は「年齢納税及試験能力の諸般資格は仍《よっ》て官職及公務に就くの要件たるのみ」と解説しています。官職や公務員に就任できる資格は、年齢と納税額と就職試験だけで、その他の必要な資格はないと言っています。納税額を除けば、今と何ら変わる所はありません。東京書籍はこれを「法律の範囲内において」と書き、いかにも何か制約があったような印象を与えています。

その他、公益の為以外には所有権を侵害されないなど、江戸時代に比べて格段に多くの権利を付与《ふよ》されました。

信仰の自由については、第二十八条で安寧秩序を妨げず、国民たるの義務に背《そむ》かざる限に於て信教の自由を有すというように、現在と同様の自由な権利が保障されています。

東京書籍の書き方「法律の範囲内において……信仰の自由などの権利が認められました」は非常に不自由で窮屈な印象を与えます。東京書籍の巧妙な印象操作です。

(11) 東京書籍は「法律の範囲内において」を粗悪拡大説明する

「法律の範囲内において自由」と書いてある条文は二条しかありません。第二十二条の「居住及移転」と第二十九条「言論著作印《いん》行《こう》集会及結社（印行は文章や絵などを発行すること）」だけです。その他は「法律による以外は処罰を受けない」「法律に定めたる裁判を受ける権利を奪われない」「法律に定めた場合を除いて手紙を見られない」など、自由や権利を保障するという書き方です。東京書籍の「法律の範囲内において自由を与える」は、読み手が受け取る印象が真反対です。東京書籍の歪曲文章は、国民の自由と権利を制限する強い強制力を感じさせます。

東京書籍は日露戦争の記述で、与謝野晶子の歌「君死にたまふことなかれ」を紹介しています。満洲で兵士が必死で戦っている最中に、こんな「反戦詩」を雑誌に発表しても、政府から何のお咎《とが》めもありませんでした。戦争中でさえこの通りですから、言論出版は今から考えても驚くほど自由だったことが分かります。東京書籍の不自由を誇張する憲法解説は誤りです。

第二十九条言論集会結社などの自由に関して、『憲法義解』は「罪悪を成し、または治安を妨害する者を除く外、総て其の自由を予《あた》えて、以て思想の交通を発達せしめ」と解説し、治安妨害者以外は思想の交流発達を促すために、言論出版結社を推奨《すいしょう》さえしています。東京書籍の解説は正反対です。

(12) 東京書籍は国民が挙《こぞ》って憲法発布を大喜びしたことを書かない

この憲法を国民が喜び大歓迎したことを、東京書籍は全く紹介していません。板垣退助始め立憲政治や民選議院設立を運動してきた自由民権論者たちは、政府から弾圧を受けながらも、憲法発布を喜び歓迎しました。国民も挙《こぞ》って、この憲法発布を喜び祝賀しました。

東京書籍の書き振りはどうでしょうか。憲法制定によって天皇による専制国家が確立し、国民はその圧政下でこれから苦しまねばならないという風です。百八十五頁欄外にある教育勅語の説明で、「天地とともに極まりない皇室の運命を助けなければならない」と駄目押しし、子供たちの心の中に、天皇は国民から隔絶《かくぜつ》した地位にあって、国民は天皇に奉仕する家来と嘘を教え込みたいようです。東京書籍は、明治天皇の御心《みこころ》を蔑《ないがし》ろにしています。

板垣退助は『自由党史』に、自由民権運動の志士たちや国民がどんなに憲法発布を喜び祝賀《しゅくが》したか、その様子を書いています。「明治天皇が憲法発布の祝賀に向かう途中、数万人の庶民がみんな大小の旗を持ち、大通りも息が詰まるよう整列して、声を揃《そろ》えて天皇の徳を称《たた》えて万歳を叫んでいる。政府の外にあった野党は、憲法発布によって立憲政治が樹立したので、何度も戦争を戦って凱旋《がいせん》した兵士のように喜んでいる」と紹介しています[*3]。

東京書籍は、国民が憲法を慶賀《けいが》したことを全く書きません。国民が喜んだことを書けば、国民の自由を奪ったとする嘘記述を見破られてしまうからです。

(13) 東京書籍は諸外国の高い評価や賛辞《さんじ》を書かない

東京書籍は、海外の政治家や学者からの高い評価や賞賛を一つも書いていません。日本国民の喜びと歓迎、海外の賞賛は、東京書籍にとっては余計《よけい》なことのようです。

明治憲法は世界各国から、大変整理が行届いた優《すぐ》れた憲法であること、また、条文を大筋に止め、詳細は社会の変化に応じて法律等の定めに譲る賢明な憲法であると激賞《げきしょう》されました。

金子堅太郎《けんたろう》が伊藤博文の命《めい》を受けて、英訳した憲法を携えて、各国の諸賢《しょけん》に批評を聞いて廻りました。金子は伊藤博文の下で憲法起草に加わった一人です。金子堅太郎の講演録から外国の政治家、学者の批評の一部を摘記《てっき》します[*4]。

○アメリカ　国務長官　ゼイムス・ブレーン

憲法は一国政治の基本なるが故に、政治に必要なる大体の原則を掲載し、その細目の如きは悉《ことごと》く之を省略して普通の法律又は其の他の規則に譲るべきものとす。此の点において英国を初め欧州各国誤《あやま》てり。

○イギリス　ハーバード・スペンサー（金子堅太郎の旧知の学者）

此の憲法を一読するに日本古来の歴史、習慣を本《もと》とし起草せられたるは、余《よ》（自分）の最も賞賛する所なり

○アメリカ マシヤチューセッツ州大審院院長 ホームス

余が最も賞讃する所は日本古来の歴史、制度、習慣に基き、而《しこう》して之を修飾《しゅうしょく》するに欧米の憲法学の論理を適用したるに在り

欧米の憲法は、欧米と歴史を異にする日本国には適応せざるなり

(14) 明治憲法はドイツなど欧州諸国に作り方を学んだが、憲法政治の模範はイギリス

伊藤博文は、イギリスには成文憲法がなかったので、成文憲法を持つドイツとオーストリアに憲法の作り方を学びに行きました。しかし、伊藤博文は憲法政治の手本をイギリスに採《と》ったと言っています[*5]。憲法起草に参加した金子堅太郎は、そのことについて次のように述べています[*6]。

フランス、ドイツ、イギリス、その他諸外国の憲法を調べた時、是等《これら》の国々の憲法を比較して、何《いず》れの国の憲法が日本に当嵌《あては》まるかと調査研究して見たが、フランス、ドイツとも当嵌まらない。ただイギリスの憲法史上にある基礎的政治の原則という文字は大《おおい》に参考の用に立った。

明治憲法起草者の一人である金子堅太郎は、模範はドイツではなく、イギリスであると明快に述べ

ています。東京書籍のドイツに範を取ったとする記述は子供たちを誤解させます。

【まとめ】

大日本帝国憲法は、日本の歴史、伝統、習慣など、国の成立ちや国柄に基づいて作られました。外国の識者はよくその点を見抜き賞讃しました。我が国は、中国やロシア、アメリカなどのように、革命や独立戦争によって建国した国ではありません。それらの国は革命や独立の理念や理想を掲げた憲法を作ればよいでしょう。日本は違います。二千年前に国を肇《はじ》め、今に至るまで経来《へきた》った長い歴史伝統文化があります。憲法は自《おの》ずとそこに依拠《いきょ》すべきです。

また、ドイツの憲法が手本という通念も間違いです。どちらかと言えば、「君臨すれども統治せず」を君主の模範とするイギリス憲法政治が手本です。

大日本帝国憲法・明治憲法は、当時第一級の政治家である伊藤博文を一年半有余も海外調査に専念させ、当代一流の識者を選任して草案を起草しました。明治九年九月六日、明治天皇の憲法起草を命じる勅語から、明治二十二年二月十一日紀元節の憲法発布まで、足掛け十三年に亘って、調査、研究、起草、枢密院審議を尽くして成った憲法です。この憲法は、朝野《ちょうや》を挙げて歓迎されました。世界各国の識者からも賞讃を受けました。当時、世界で最も優れた憲法でした。

ここで、もう一つ附言《ふげん》したいことがあります。日本は昔から二権分立の国です。二権分立とは天皇の権威と武家の権力です。権力者は変われども、権威たる変わらない万世一系の天皇の存在が、我が国の国家体制の渝《か》わらざる在り方でした。この国家体制で、世界のどこの国よりも、国民が幸せに暮らせる国をつくって来ました。しかしながら、明治維新に際して、欧米流の三権分立を取り入れた政治制度を整えなければならなくなりました。憲法制定に携わった人たちは、日本の伝統である二権分立を、新しく作る三権分立の憲法にいかに融合させるか、深く思い巡らしたと推察します。その結果が、井上毅が「しらす」という用語を持ち来《きた》ったように、天皇は実権力を有しないけれども、各種の国家機関の長の任免や法令などの公布の主体者として、天皇の名の下に行うことにしたと私は考えます。天皇が「しらす」ことが、国家機関を監視し、結果として国民のために幸せな政治を行うことを担保《たんぽ》する趣意です。

大日本帝国憲法は民族の記憶、民族の永遠の遺産です。

東京書籍の記述の論調、「明治時代は専制政治の下で国民は自由を奪われた」とするは、悪意の曲説です。明治時代は勿論その後の大正昭和の時代も、東京書籍が描く専制政治の下で国民が息苦しく窮屈に暮らした時代ではありません。夏目漱石などの小説に窮屈な庶民生活など露《つゆ》ほども感じません。日清・日露の二つの戦争に勝ち、維新から四十年足らずして、我国は列強の一角に辿《たど》り着きました。坂道を駆け上がった「明治」はその字の通り明るい時代でした。明治に続く大正昭和時代も、明治憲法下で東京書籍が書くような暗い時代ではありません。東京書籍は日本の子供たちのために誠実に教科書を作っているのか、日本という国に愛着を持っているのか、私は疑問に思います。

＊1：『明治天皇 上巻』渡辺幾次郎著、明治天皇頌徳会
＊2：『新版 明治天皇』里見岸雄著、錦正社
＊3：『自由党史（下）』板垣退助監修、岩波文庫
＊4：『帝国憲法制定の精神 欧米各国学者政治家の評論』伯爵金子堅太郎述・文部省蔵版 講演の友社
＊5：『伊藤博文演説集』瀧井一博編、講談社学術文庫
＊6：『帝国憲法制定の精神 欧米各国学者政治家の評論』伯爵金子堅太郎述・文部省蔵版 講演の友社

日清戦争を一番目の侵略戦争と歪曲

この項は学習課題「日清戦争はどのようにして起こり、日本や清にどのような影響をあたえたのでしょうか」という質問で始まります。「どのようにして起こり」と書き、いかにも歴史の因果関係を教えるように思わせますが、実際は歴史の事象を羅列《られつ》して、日本の「侵略」の跡《あと》を辿《たど》るだけです。歴史的事件の因果関係を教えることが歴史教育の主たる目的ですが、東京書籍の執筆者たちの関心は薄いようです。東京書籍の記述は百八十八頁です。

【日清戦争】
朝鮮《ちょうせん》では、1894（明治《めいじ》27）年に、民間信仰《しんこう》を基《もと》にした宗教である東学《とうがく》を信仰する団体が組織

した農民軍が、朝鮮半島南部一帯で蜂起《ほうき》しました（**甲午《こうご》農民戦争**）。農民軍は、腐敗《ふはい》した役人の追放といった政治改革や、日本や欧米《おうべい》など外国人の排除《はいじょ》を目指しました。

反乱の鎮圧《ちんあつ》のため、朝鮮政府は清に出兵を求めました。それに対抗《たいこう》して日本も朝鮮に出兵したため、日本と清の軍隊が衝突《しょうとつ》し、7月、**日清《にっしん》戦争**に発展しました。日本軍は優勢に戦いを進め、1895年4月に**下関《しものせき》条約**が結ばれました。この条約で清は、（1）朝鮮の独立を認め、（2）遼《りょう》東《とう》半島・台湾《たいわん》・澎湖《ほうこ》諸島を日本にゆずりわたし、（3）賠償《ばいしょう》金2億両《テール》（当時の日本の国家予算の約3・6倍）を支払《しはら》うことなどが決められました。

台湾を領有した日本は、住民の抵抗《ていこう》を武力でおさえ、強い権限を持つ台湾総督府《そうとくふ》を設置して、植民地支配を推《お》し進めました。

【三国干渉と加速する中国侵略】

下関条約が結ばれた直後に、ロシアはドイツやフランスとともに、日本が獲得《かくとく》した遼東半島を清に返還《へんかん》するよう勧告《かんこく》してきました（**三国干渉《かんしょう》**）。対抗できる力のなかった日本はこれを受け入れました。

（1）私たちの父祖たちは懸命に努力して帝国主義時代の危機を乗り切った

東京書籍の記述批判に入る前に、当時の帝国主義時代の国際環境の様相を説明します。日本の対外行動は国際環境を考慮に入れないで、自国の内部要因だけでは説明し切れません。そうであれば、歴史認識を誤ります。時は帝国主義時代の真只中、弱国は強国の植民地か属国に落されました。強国になって喰《く》う側に廻るか、弱国として喰われる側に落とされるのかどちらかしかありません。この時代、道義は武力の走り使いです。明治六年ドイツの外務宰相ビスマルクは岩倉使節団に対し、「世界各国は表面では親睦《しんぼく》礼儀を以て交際し、公法を尊重するが、陰ではそうではない。公法が自分に利する時は公法を守れと言い、不利ならば公法など無視して兵で威《おど》すものだ」と諭《さと》しています。*1

西洋列強は武力に委《まか》せて植民地争奪戦を競《きそ》い合っていました。西方から欧州の英仏独蘭が、北方からはロシアが、東方からはアメリカが押し寄せて来て、いよいよ彼らの触手《しょくしゅ》が揃《そろ》って日本へ伸びて来ました。日本は四面楚歌《しめんそか》、一つ間違えば、彼等の餌食《えじき》になりました。

明治維新、日本は開国し国民国家・富国強兵国家へ進むべく舵を切りました。東アジアに押し寄せて来た欧米列強の植民地に陥《おちい》らないように、父祖たちは必至に努力しました。そして、誰の助けも借りずに、独力で近代化を成し遂げて、列強の重圧を凌《しの》ぎ、独立を全《まっと》うしました。昨今、開発途上国は先進国からの援助を受けることを、宛《あたか》も権利の如く要求し、借金を踏み倒しても平気です。日本が苦心苦労を重ねて一流国に這《は》い上がった時代は、もし借金を返せなければ立所《たちどころ》に領土や港、関税徴収権などを取り上げられました。今の中国の資金援助地獄の遣《や》り口よりも、もっとずっと手荒く直截的《ちょくせつてき》でした。

日本は西洋列強から押し付けられた不平等条約で治外法権と関税自主権を奪われ、一つ誤ればたちまち国土を蚕食《さんしょく》される瀬戸際に立たされていました。私たちの父祖たちは智慧を振絞り、献身と多くの命の犠牲の上に、この恐ろしい時代を乗り切ってくれました。今に生きる私たちは、いくら感謝しても足りません。東京書籍は日本を侵略国家に決め付けることには熱心ですが、父祖への感謝を教えようとはしません。父祖への感謝を教えることは、歴史教育の要諦《ようてい》です。

(2) 北方から降って来るロシアの脅威

日清・日露戦争の時、最大の脅威は二方面、北の大陸から降って来るロシアと西の海から来るイギリスでした。ロシアは世界最強の陸軍国、イギリスは世界最強の海軍国でした。ロシアは領土欲の固まりの国です。二十一世紀の現在でも、我が国の北方領土を返す素振《そぶ》りを見せただけで、戦争で獲《え》たものは戦争でしか変わらないなどと言い放って、一向に返そうとはしません。政治体制が変わってもロシアの領土欲は本能です。国民性というものは変わりません。

ロシアは十六世紀半ば、ウラル山脈を越えて、シベリアを着々と東進し、凡そ百年後の一六三三年にカムチャッカに到達しました。一六八九年、清の康熙帝《こうきてい》とネルチンスク条約を結び、露清間の領土を画定《かくてい》し日本海に達しました。その後も不凍港《ふとうこう》獲得を目指し、東アジアの領土を虎視眈々《こしたんたん》と狙い、止まることを知りませんでした。幕末維新の時代、樺太《からふと》に侵入し、日本人を殺傷し、施設を焼き払いました。対馬を占領したこともあります。この時は、勝海舟がイギリスを使ってロシアを追出して事なきを得ました。そして、いよいよ明治二十四年三月シベリア鉄道敷設計画を発表し、東方経略の本腰を露《あらわ》にしました。日清戦争勃発《ぼっぱつ》三年前です。

ロシアが朝鮮半島を奪取すれば、次は日本に手を伸ばすことは必至です。ロシア東進の歴史を観察すれば明々白々です。国家の安全に責任を持つ為政者は、その危険を未然に防ぐために、政戦略を建てる責務があります。当時の為政者にとって、孫子の兵法は常識です。「九変篇《きゅうへんへん》第八 故に用兵の法は、其の来たらざる恃《たの》むこと無く、吾《わ》れの以て待つ有ることを恃むなり」*2。敵が来ないことを空頼《そらだの》みするのではなく、敵が来ても対処できるようにおさおさ準備を怠らないことです。

日本が朝鮮半島を勢力範囲に組み入れなければ、替わりにロシアが取ります。ロシアが朝鮮を取れば、次に日本へ手を伸ばすことは掌《たなごころ》を指す如く明らかです。日本がロシアの爪牙《そうが》から逃れるためには、朝鮮半島を日本の勢力下に収め、ロシアの南下を満洲までに止めなければなりませんでした。日清戦争から凡そ十年後の日露戦争の時、ロシアとの戦争を何とかして回避したい日本は、日露の勢力圏を朝鮮と満洲の間に引こうと提案しましたが、ロシアはその提案を蹴《け》って「満洲は勿論《もちろん》ロシアのもの、朝鮮は日本とロシアの共有地」にしようと主張しました。共有地にしようという提案は、元々日本の領土であった樺太《からふと》を日露の共有地にしようと日本に強要し、結局後で奪い取った同じ手口です。ロシアという国は領土拡張に際限がありません。止《とど》まるということがない国です。

(3) 日清戦争の本質は国家防衛

右の通り、日本の安全保障に重大な影響を及ぼす係争地《けいそうち》は朝鮮半島でした。日清戦争は宗主国の清国、ロシア、日本の三国のうち、どの国が朝鮮を奪取するかが焦点でした。領土拡大に余念《よねん》のないロシアがいずれ朝鮮に向かうことは必至でした。ロシアが朝鮮を手に入れたなら、次の目標は疑いもなく日本です。当事者の朝鮮は宗主国である清国に頼るばかりで、自らは何も備えようとしませんでした。そこで、日本は無策の朝鮮を清国から引き剥《は》がして日本の指導下におき、ロシアに対して朝鮮を防波堤にすることを決意しました。清国は属国の朝鮮を失えば面子《めんつ》を潰《つぶ》されるので、朝鮮に執着したその結果、日本との戦争になりました。

このような情勢判断を東京書籍は一切無視して、日清戦争を他国に領土を求めた帝国主義国家日本の侵略行為としか教えていません。日本は清国が持つ戦力に比べて劣勢でしたが、ロシアと対峙《たいじ》しなくてはならなくなる将来を見越して開戦を決意しました。帝国主義時代、日本が勝ち残るために父祖が採った政戦略を、現在の子供たちに追体験させることが歴史教育の重要な眼目です。子供たちに朝鮮奪取を父祖の侵略行為とだけ教え、自虐の念しか与えない東京書籍は何の役にも立ちません。恩義ある父祖たちを冒瀆《ぼうとく》することでもあります。

(4) 朝鮮は国を自ら守ろうしない国

一方、朝鮮という国は昔から日本に逆らうことがあっても、共に協力して外敵に向かおうとはしない国です。これも、朝鮮民族の抜き難い痼疾《こしつ》です。

朝鮮が自彊《じきょう》・自立して、日本と共にロシアに立ち向かう気概がなければ、朝鮮を取り込んでロシアに備えなければなりません。そうしなければ、日本自身が危うくなります。喰うか喰われるかの帝国主義時代には致し方ありません。自国を守るだけの武備と意思を持たない弱国は強国の支配下に組み込まれることは逃れられない運命です。

帝国主義時代とはそういう時代です。日本が帝国主義に倣《なら》わず、朝鮮に温情を掛けたりすれば、それこそ日本が帝国主義諸国の餌食《えじき》になってしまいます。日本の為政者は、西洋列強による侵略がアフリカを廻って中近東、南アジア、東南アジアに及ぶ植民地化の歴史、ロシア東漸《とうぜん》の歴史を観察して、日本も帝国主義に加わる途《みち》を選択しました。そうしなければ、国を保全できません。

沿海州《えんかいしゅう》にある日本海を臨むウラジオストクという都市があります。その名前は「東征《とうせい》」、東方を征服するという意味です。ロシアの侵略意図を露骨に表現しています。帝国主義の時代は、都市にこんな名前を付けても、誰も怪《あや》しみませんでした。

父祖たちの決断は間違っていませんでした。日本は富国強兵策を推進し、西洋列強の帝国主義に伍《ご》して今の日本の繁栄の礎《いしずえ》を築いてくれました。私たち子孫は父祖の勇気ある決断によって、今、豊かな暮らしを享受しています。その私たちが父祖を、東京書籍のように帝国主義者と非難して、父祖を呪《のろ》うことが正しいことでしょうか。何はともあれ父祖たち先人に感謝を捧げるべきです。

（5）日本を「侵略」国家と歪曲して教える

東京書籍が日清戦争を記述する百八十八～九頁に、日本を小馬鹿にした漫画が二つと軍事費のグラフが二つ、その他、下関講和会議の絵と地図二つ、それに申し訳程度に、八田與一《はったよいち》像の頭部の写真が掲載されています。父祖や先人の苦心や苦労の跡を教える心は微塵《みじん》もないようです。東京書籍が戦争の経緯を「日本が戦いを優勢に進め」と書くだけで、この戦争の本来の目的である、清国に朝鮮の独立を認めさせ、日本が朝鮮を近代国家へと誘導していこうとしたことには全く触れていません。東京書籍は国際情勢を脇《わき》において、日清戦争を日清間の領土争いとしか教えていません。

東京書籍は、日清戦争の開始と結末を次のように書いています。百八十八頁を再掲します。

> 反乱の鎮圧《ちんあつ》のため、朝鮮政府は清に出兵を求めました。それに対抗《たいこう》して日本も朝鮮に出兵したため、日本と清の軍隊が衝突《しょうとつ》し、7月、**日清戦争**《にっしん》に発展しました。日本軍は優勢に戦いを進め、1895年4月に**下関条約**《しものせき》が結ばれました。
> （中略）台湾を領有した日本は、住民の抵抗《ていこう》を武力でおさえ、強い権限を持つ台湾総督府《そうとくふ》を設置して、植民地支配を推《お》し進めました。

東京書籍は「帝国主義侵略国家」日本の面目躍如《めんもくやくじょ》の書き振りです。「それに対抗して日本も朝鮮に出兵」と書いてありますが、「日本は清と結んだ条約に基づいて、日本も朝鮮に出兵」と書くべきです。東京書籍は、日本が朝鮮を奪うために清国と競い合って出兵したと、子供たちに教えたいようです。日本と清は天津《てんしん》条約を結び、もし一方の国が朝鮮に出兵する場合は、他方の国に直ちに通知する「行《こう》文知照《ぶんちしょう》」を約束していました。[*3] 清国からの出兵通告を受けて、日本も派兵しました。東京書籍が記述するように、日本が勝手に派兵した訳ではありません。天津条約には当事国である朝鮮は加わっていません。朝鮮は蚊帳《かや》の外に置かれました。これが、帝国主義時代の冷酷な現実です。

日清間には開戦前に三度の武力衝突がありました。一度は朝鮮の京城《けいじょう》で起こった一八八二年の壬午《じんご》事件と一八八四年の甲申《こうしん》事件です。一度は日本で一八八六年の長崎事件です。三度とも軍事力で劣る日本が完敗し、屈辱を蒙りました。朝鮮を属国とする清国も帝国主義国家でした。日清戦争で敗北し、その結果列国に蚕食《さんしょく》された清国は、弱い国という印象を持ちますが、日本に負けるまでは「眠れる獅《し》子《し》」と呼ばれ、清国は強大国と恐れられていました。定遠《ていえん》、鎮遠《ちんえん》という甲鉄《こうてつ》の巨艦を二隻も有し、海軍力は日本を圧倒していました。清国は日本に負けて化《ば》けの皮が剥《は》がれ、「張子《はりこ》の虎」になりました。

明治十五年（一八八二年）十二月十二日に『時事新報』に寄せた福沢諭吉の論を紹介します。新報に掲載された原文のままです。どんなに日本が清国を恐怖に感じていたかが分かります。[*4]

（もし、日本が負ければ）無数の支那兵は軍艦を以って東京湾に闖入《ちんにゅう》し……東京市中を砲撃し、百万の市民、七転八倒、仰いで天に叫び、俯して地に泣くのみ、豚尾《とんび》の兵隊は黒煙と共に上陸して、……婦女を辱《はずか》しめ、錦帛銭財《きんぱくせんざい》を奪《うば》ひ、老幼を殺し、……およそ人類想像の及ぶ限りは、禍悪《かあく》至らざる所なかる可し

筆者注：支那は中国のこと、ここでは清国。豚尾は弁髪《べんぱつ》のこと、当時支那兵は頭の髪を豚の尾

のように二筋に束ね下げていた。

福沢諭吉の話を昔の中国人の残虐性だと考えていけません。チベットやウィグル、内モンゴルで、今、中国人がしていることを見て下さい。民族性は変わりません。中国に対して油断は禁物、決して心を緩《ゆる》めてはいけません。

清国は日本に遙かに勝《まさ》る軍事力を保有していましたので、その軍事力を背景に三度も日本を圧倒しました。東京書籍は、日清戦争開始時点で清国の方が戦力で日本を上回っていたことを書いていません。日本軍が清国軍を赤子の手を捻《ひね》るように負かしたことを、侵略国家日本の証拠とするような書き方です。東京書籍は史実を正しく教えていません。

(6) 日本はなぜ清国を圧倒できたか

東京書籍は、なぜ日本が清国に対して有利に戦いを進め圧倒できたか、その理由を教えていません。東京書籍は関心が薄いようです。子供たちに教えておくべき大切なことです。日本の勝因は、次のことが挙げられます。

①日本は政治と外交と軍事が一つになって、戦争準備に万全を期して開戦し、そして速《すみ》やかな外交で終戦へと運んでいったこと

②軍人が国の存亡を一身に背負い敢闘精神が旺盛《おうせい》だったこと、それに引き換えて、清国の将兵は戦

争目的に意義を見出し得なかったために戦意が乏しかったこと
③日本は与党も野党も国民も国の危機をよく認識し、政府や軍を強く支持したこと
万一、敵国と対峙しなければならない情況に立至った際、政府と国民と軍事のあるべき姿です。日本を侵略国家とだけ教える東京書籍の記述では子供たちは何も学ぶことができません。

（7）軍備の重要さを教えない

東京書籍は二つの図を掲載しています。一つは日清両国の戦力比較の図と、もう一つは清から得た賠償金の使途《しと》の図です。後者では賠償金の八割以上を軍備の拡張に投入したことを示しています。なぜ、日本は戦後にさらに軍備を拡張したのか、その理由を東京書籍は説明していません。説明がなければ、子供たちは日本は好戦的だ、軍事力を増強して次の侵略に乗り出すための準備だと考えてしまいます。軍事費は誰だって少ない方がよいに決まっています。しかし､事はそう簡単ではありません。前述しましたように、我が国が主敵と想定していた国は大敵ロシアです。ロシアに備えて軍備を整える必要があったからこそ賠償金を軍事増強に使いました。日清戦争から十年後に起こった日露戦争というものは、日本が清国から賠償金を取り、そのお金で軍備を整え、満洲という清国の故地《こち》を、清国の替りに守って上げたとも解釈できます。物事の因果関係を子供たちに教えることが歴史教育の重要な目的です。

（8）八田與一《はったよいち》像のこと

東京書籍が載せている八田與一像の写真は頭部だけですが、全身像であるべきです。これには意味があります。この像は作業靴を履《は》いて地面にどっかと腰を下ろし、右片膝を立てその膝頭に肘《ひじ》をのせ、その右手を額に当てて思案する姿です。八田與一のお墓の前に置かれています。この像は八田與一を顕彰《けんしょう》して嘉南《かなん》の台湾人が建てました。当初、像は立像にする計画でしたが、八田はそんな偉そうな姿は嫌だと断りました。それで、嘉南の人は、八田が地面に腰を下ろしてダムや水利計画を思案している姿を模《も》した像を作りました。

私は、竹田恒泰様主催の台湾研修旅行に参加して、烏山頭《うさんとう》ダムを見学したことがあります。竹田恒泰様がダム工事で亡くなった人の名前を刻んだ殉工碑《じゅんこうひ》に案内して下さって、「碑に刻まれている人名は、日本人と台湾人の区別なく書いてある」と教えて下さいました。日本人の後には台湾人に続いて日本人が、日台合わせて百三十四人の名前が刻まれていました。恐らく亡くなった順に刻《きざ》んだものと思われます。八田與一は人種差別など少しも念頭にない人でした。人種差別撤廃《てっぱい》の魁《さきがけ》の人です。

日本が最初に持った植民地が台湾でした。世界は黄色人種の日本に植民地統治ができるものかと、疑問と蔑《さげす》みの目で見ていました。もし失敗すれば、やはり有色人種は劣ると貶《けな》されます。日本は善政を敷き、見事に立派に統治して、台湾に近代国家への素地《そじ》を扶植《ふしょく》しました。台湾人で日本を恨《うら》みに思う人が少ない理由が分かります。東日本大震災の際、二百五十余億円もの巨額の義捐金《ぎえんきん》を贈って助けてくれました。東京書籍だけで学ぶ子供たちには、東日本大震災における台湾人のこの行動を理解不能です。日本と台湾の結び付きは、植民地などという言葉で表現し去ることはできません。

私が中学生の頃、父が台湾旅行で高価な机を買い、後で送ってもらうことになっていました。私が母に「先にお金を払ってしまって騙《だま》されないか」と言うと、母は言下《げんか》に「台湾だよ、そんなことはしない」と窘《たしな》めました。台湾は日本と同じ、人を騙さない国です。蛮族が蟠踞《ばんきょ》する台湾を日本は立派な国家に育てました。

(9) 台湾を消してしまいたいのか

東京書籍の台湾の無礼な扱いについて記します。台湾という言葉は本文に何度も出てきますが、東京書籍の索引には「台湾」はありません。「台湾総督府」がたった一つだけです。東京書籍は日本が台湾でどのような統治を行ったかを教えないで、ただ「植民地」支配したことだけを教えています。七分三分の七分を書きません。台湾で日本が行った統治の実態を知れば、侵略国家・日本の虚名《きょめい》が自然と消滅し、子供たちも父祖の功績に敬意を懐き、台湾に親近感を懐《いだ》くはずです。

東京書籍の教科書の二百五十七頁に「第二次世界大戦後のアジア・アフリカの独立国」として、世界地図が載っています。そこには、独立国としての台湾がなく、中国と同じ色で塗り、台湾を中国の領土の一部として扱っています。東京書籍は台湾人に対して著《いちじる》しく礼儀を欠く教科書です。日台離間を策しているのでしょうか。

【まとめ】

日本が行った事跡を考察する前提として、その時代の国際情勢の理解が不可欠です。国際情勢を考慮の外において、国内要因だけから説明するのでは、物事の本質を理解できません。東京書籍では、その時の情勢下で先人がいかに考えて国家を運営しようとしたか、その苦心努力の跡を辿ることができません。歴史教育の主要目的は、国際情勢と国内要因の狭間《はざま》で、当時の為政者が採った行動と結果を考察評価して、国家経営を考える点にあります。東京書籍の歴史教科書は国際情勢の説明が欠落しています。日本を一途《いちず》に「侵略国家」と決めつけています。日本を他国の侵略から守る責任を持つ為政者の苦心や努力を教えないのであれば、子供たちに間違った国家観を与えかねません。また、歴史を考える訓練にもなっていません。

日清戦争の本質は、遠からず必ずやって来るであろうロシアの脅威に備えて、朝鮮半島を勢力下に置く戦争でした。

東京書籍が日本を小馬鹿にした漫画を載せていることにも触れておきます。日露戦争の記述でも同様に日本人を小馬鹿にした戯画《ぎが》を載せています。これらの漫画を眺める子供たちは、無意識の心の中に日本を自分とは無縁の第三国の国として観《み》る習《なら》い性《せい》を生じさせます。父祖が遺してくれた大切な日本を母国と考えなくなります。教科書にはこのような漫画を載せてはなりません。

＊1：『米欧回覧実記 三』久米邦武編、岩波文庫

＊2：『孫子』金谷治訳注、岩波文庫

＊3：明治十八年四月十八日 天津条約第三条「将来、朝鮮国若《も》し変乱重大の事件ありて、日中両国或は一国兵を派《は》するを要する時は、応に先づ互《たがい》に行文知照《こうぶんちしょう》すべし」

＊4：『陸奥宗光とその時代』岡崎久彦著、PHP

日本が国家存亡を賭《と》した日露戦争を第二の侵略戦争と教える

「日露戦争はどのようにして起こり、日本や国際社会にどのような影響をあたえたのでしょうか」という日清戦争と同じ質問で始まります。日露戦争が起こった原因を教えるように思わせますが、出来事の因果関係の説明はありません。只《ただ》、侵略国家日本とロシアとの領土争いで、日清戦争に続く「日本の第二の侵略戦争」と教えたいだけようです。

掲載されている図や写真は、①日本兵を醜《みにく》い姿に描いて小馬鹿にしたビゴーの漫画、②与謝野晶子の写真と反戦の歌、③増税に泣く国民の図、④日清戦争と日露戦争の死者と戦費の比較図、⑤日清戦争から日露戦争とそれ以降の国民一戸当たりの税負担額増加の図などです。父祖たちが成し遂げた、世界の強大国ロシアを撃破した栄光を顕《あらわ》すものは何一つありません。これらの図や絵に囲まれた頁に、東京書籍が日露戦争を説明する記述があります。戦争というものは国民一人一人に多大の負担を掛けるものですが、それでもその上に、日本が贏《か》ち得た国の名誉と独立保全、国際的地位向上、植民地にされた有色人種への応援、武士道に対する世界の称賛など、国の栄誉《えいよ》を子供たちに伝えるべきです。東京書籍はこれらのことに目を向けません。記述は百九十頁です。

【義和団事件】

1899(明治《めいじ》32)年、中国で義和団の勢力が「扶清滅洋《ふしんめつよう》(清を扶《たす》けて外国勢力を討《う》ち滅《ほろ》ぼす)」を唱えて蜂起《ほうき》し、短期間で中国北部一帯に広がりました。翌年北京《ペキン》にある各国の公使館を包囲し、清政府はこの動きに乗じて列強に宣戦布告しました(**義和団事件**)。列強は連合軍を結成し、日本もその一員として義和団を鎮圧《ちんあつ》しました。

一方、ロシアは満州《まんしゅう》に出兵し、事件の後も大軍を満州にとどめました。満州ととなり合う韓国《かんこく》を勢力範囲《はんい》として確保したい日本と、清での利権を確保したいイギリスは、1902年に**日英同盟**を結び、ロシアに対抗《たいこう》しました。戦争の危機がせまる中で、社会主義者の幸徳秋水《こうとくしゅうすい》やキリスト教徒の内村鑑三《うちむらかんぞう》などは開戦に反対しましたが、ほとんどの新聞は開戦論を主張して世論《せろん》を動かしました。政府は交渉《こうしょう》による解決をあきらめて、1904年2月、開戦にふみ切り、**日露戦争《にちろせんそう》**が始まりました。

【日露戦争】

日本軍は、苦戦を重ねながらも戦争を進め、イギリスやアメリカも、戦費の調達などの面で日本を支援《しえん》しました。しかし、日本の戦力は限界に達し、ロシア国内でも専制政治に対する不満から革命運動が起こるなど、両国とも戦争の継続《けいぞく》が困難になりました。

日本が1905年5月の日本海海戦で勝利したことを機に、アメリカの仲介《ちゅうかい》によって日本とロシアとの間で講和会議が開かれ、9月に**ポーツマス条約**が結ばれました。ロシアは（1）韓国における日本の優越《ゆうえつ》権を認め、（2）旅順《りょじゅん》《リュイシュン》や大連《だいれん》《ターリエン》の租借《そしゃく》権、長春《ちょうしゅん》《チャンチュン》以南の鉄道利権と、（3）北緯50度以南の樺太《からふと》（サハリン）を日本にゆずりわたすことなどを認めました。

戦争による増税や犠牲《ぎせい》に苦しむ国民は、ロシアから賠償《ばいしょう》金を得ることを強く求めました。しかし、ポーツマス条約で賠償金が得られないことが分かると、国民は激しく政府を攻撃《こうげき》し、東京では暴動にまで発展しました（日比谷《ひびや》焼き打ち事件）。

（1）日露戦争勝利は民族第一の記憶

東京書籍は日本を国民の税負担や戦死者の犠牲の上に、他国を侵略する国家になったと教えています。日露戦争を国民の負担や犠牲の一面だけから説明するのでは、日露戦争の本質を理解不能です。

日露戦争勝利は、第一に挙げるべき我が民族の栄光の記憶です。大東亜戦争後の米国軍占領下で、歴史的意義も将兵決死の敢闘も、我が国の歴史から抹殺《まっさつ》されてしまいました。我が祖父が成し遂げた世紀の大偉業は、昔語《むかしがたり》として頭の片隅に残っているだけです。命を捧げて国のために戦った将兵に対する敬意も忘れ果ててしまいました。

有色人種は、白人たちに植民地に堕《お》とされ、数百年もの間迫害され収奪され続けて来ました。その有色人種の日本人が大戦争で白人種を負かした事件は、白人支配に呻吟《しんぎん》する世界中の有色人種を覚醒《かくせい》させ、反撃開始の契機《きっかけ》になりました。世界史の流れを大転換させ、新しい世紀の幕を開ける大事件・大事業でした。今、再び民族の記憶として、その意義を蘇《よみがえ》らせ、偉大な父祖を尊敬し、その子孫であることを誇りとすべきです。

（2）日露戦争勝利は「二十世紀は日本の世紀」の始まり

日本がロシアに戦いを挑《いど》まねばならなかった理由は、前項の日清戦争の所で述べました。日清戦争と日露戦争と合わせて一組、ロシアの南下を食止め、日本が自主自立を確立した大戦争です。東京書籍は、そのロシアと日本の関係を、極簡単に「満州ととなり合う韓国を勢力範囲として確保したい日本……日英同盟を結び、ロシアに対抗しました」とし、超大国ロシアが日本征服を予定していることを書いていません。単に日露の領土争いとする粗略な説明です。日本の独立保全のための戦争であった本質を教えていません。

当時の日本は単独でロシアに対抗できるなどと、為政者はもちろん、国民も誰一人考えもしませんでした。日英同盟が成ったとは言え、イギリスが一兵だって助太刀してくれる訳ではありません。日本一国だけで戦わねばなりません。日露間には圧倒的な戦力差がありました。大東亜戦争における日米の差よりも、この時の日露の差がもっと大きかったのです。

東京書籍は日露戦争の契機《きっかけ》になった義和団事件と日露戦争と両者を合わせても僅か二頁です。我が国にとって最も重要な特筆すべき歴史上の大事件ですから、もっと多くの紙幅《しふく》を割《さ》いて子供たちに詳しく教えるべきです。開戦原因であったロシアからの軍事的脅威、戦争を回避するための対露外交と小村寿太郎の意見書、日英同盟、戦争の経過、将兵の決死の敢闘、活躍した英雄たち、国民の支援、敗者を思い遣《や》る武士道、これら全てを統合する存在としての明治天皇、そしてその後の世界史に与えた大きな影響です。これらのことをしっかり書き、大切な民族の記憶として子供たちの心に刻《きざ》んでおくべきです。

二十世紀は「日本の世紀」です。その嚆矢《こうし》が日露戦争です。以降、世界中の有色人種が白人種に挑《いど》み、対白人種対等を獲得するまでの凡そ半世紀に亘る、人種闘争の開始を告げる世界史的大事件でした。大東亜戦争終結後の二十世紀後半は、日本は独立を果たしたアジア諸国と相携えて共に発展し、今日においてはインド・太平洋地域は世界の産業経済発展の主要地域に成長しました。

東京書籍はなぜ日露戦争を歪曲矮小化《わいきょくわいしょうか》し、剰《あまつさ》えなぜ日本を侵略国家と決め付けるのでしょうか。執筆者に聞きたいものです。東京書籍は、日本が偉大な国であっては困るのでしょうか。

（3）お国ために死を賭《と》して戦った将兵に対する敬意と感謝を教えない

日清戦争でも日露戦争でも、国民は国の命運《めいうん》を賭《か》けた戦争であることをよく得心《とくしん》していて、出征将兵は身命を捧げて戦いました。二百三高地は、身を隠す小山も身を潜《ひそ》ませる窪地《くぼち》もない平《たいら》な山坂を、敵の機関銃の十字砲火の下を掻《か》い潜《くぐ》って攻め上り陥《おとしい》れました。日本軍兵士の戦いを、櫻井忠温《ただよし》は著書『肉弾』に次のように表現しています。

勇士の死屍《しし》は山上更《さら》に山を築き、戦死の碧血《へきけつ》は凹処《おうしょ》に川を流す。戦場は墳墓《ふんぼ》となり、山谷《さんや》は焦土と化す。（筆者注：碧血は熱血誠忠の士が流す血のこと）

戦前愛唱された『海ゆかば』の歌詞にある通りです。

海ゆかば水漬《みづ》く屍《かばね》 山ゆかば草生《む》す屍 大君の辺《へ》にこそ死なめ かへりみはせじ

海に山に屍《しかばね》を曝《さら》した、我が父祖たち将兵への尊敬と感謝なくして、何で、日本人たり得るでしょうか。東京書籍は、父祖に対する尊敬と感謝の情《こころ》がありません。そのことを子供たちに伝えずして、歴史教科書たり得るでしょうか。

(4) 戦費を支えた父祖たちへの感謝を教えない

日清戦争の頁では日清間の戦力比較の図がありました。しかし、日露戦争ではその比較図がありません。替りに、日清・日露の両戦争を比較した戦死者数と戦費の図があります。東京書籍の目的は、日露戦争は国民に大きな負担を強いた大規模な「侵略戦争」だったと教えるだけです。日露戦争がロシアに対する決死の大戦争であったことを教える気はありません。

「増税に泣く国民」として「増税」と書いてある箱を背負った老人の絵があります。この絵は東京書籍執筆者のお気に入りで、私の知る限りでは平成八年度検定版から載っています。平成二十七年度検定版で一旦は消えましたが、令和元年度検定版で再び復活しました。東京書籍はこの絵の出典を『「東京パック」1908年さいたま市立漫画会館蔵』と注記しています。この注記に誤魔化しがあります。正しくは『雑誌「東京パック」1908年さいたま市立漫画会館蔵』と書かねばなりません。「雑誌」が抜け落ちていることに注意して下さい。「雑誌」が抜けているので、日露戦争が終わってから三年も経《た》った後で出版された雑誌に掲載されたことを、子供たちは判別できません。東京書籍は、日露戦争の戦費負担の図であると騙《だま》しています。

増税による国家存立を図るか、軽税による国家滅亡を座して待つか、明治の指導者たちは前者を選択しました。国民は三国干渉の臥薪嘗胆《がしんしょうたん》を忘れず、国家の独立と尊厳のために、国の方針を理解して重い税負担を受け入れました。東京書籍は重税を課した為政者を咎《とが》めるのではなく、重税を負担して勝利に貢献した父祖への感謝を教えなくてはいけません。

東京書籍は「戦争による増税や犠牲に苦しむ国民は、ロシアから賠償金を得ることを強く求めました」と書き、国民が増税や犠牲に苦しんで賠償金を要求したと書いていますが、この説明は間違っています。国の財政事情を知らない国民は戦意旺盛《おうせい》で、連戦連勝にも拘わらず、賠償金を得られないことを怒って、ポーツマス条約を締結した政府を弱腰《よわごし》と責めました。国民は増税や犠牲に苦しんだから賠償金を求めたのではありません。日露戦争では、父祖たちは重税を甘受《かんじゅ》して国を守ってくれました。今度は、私たちが国を守り、子孫に受け渡す責務があります。これは日露戦争の時、重税を負担して国を守ってくれた父祖たちへの恩返しです。

日露戦争の後も、残念ながら世界の帝国主義は続きました。列強は旧来に増して軍拡競争へ突き進みました。日本海大海戦の砲撃による被弾調査結果を基に、イギリスは一九〇六年に新型戦艦「ドレッドノート（弩級戦艦《どきゅうせんかん》）」を建艦し、さらに弩級戦艦から超弩級戦艦へと進化していきました。大艦巨砲主義建艦競争の始まりです[*1]。一九〇八年に発行された雑誌のこの老人の絵は、日露戦争後の世界の建艦競争に伴う軍事費増大を風刺《ふうし》した漫画で、東京書籍が言う所の日露戦争のための戦費負担ではありません。当時は戦艦が最強の兵器です。戦艦建造とその運用には莫大《ばくだい》の歳費《さいひ》を要しました。軍拡競争は止《とど》まることを知りませんでした。

世界列強の軍拡に目を瞑《つぶ》り、日本だけが軍備にお金を充《あ》てないで、国の安全保障を確保する遣り方があったでしょうか。外交努力はもちろん大切ですが、外交力を裏打ちするのは軍事力です。その外交が不成功に終われば、最後の拠り所はまた、軍事力です。外交と軍事力は対立概念ではありません。互いに補完《ほかん》し合う関係です。東京書籍は軍事力を頭から否定しています。

（5）日露戦争への国民の理解と後押しを教えない

東京書籍は、戦争に反対した人として、歌人の与謝野晶子、社会主義者の幸徳秋水、キリスト教徒の内村鑑三の三人を挙げています。「戦争の危機がせまる中で」と前置きして、ロシアからの脅威には触れないで、「戦争は悪、戦争絶対反対」を子供たちに刷込み、宛《あたか》も戦争反対が国民の総意であり、それが正しい考え方であるかの如く子供たちを誘導しています。これも、事実と懸け離れています。この戦争は国民の圧倒的な後押しがありました。だからこそ、明治天皇を中心に国民が一致団結して戦い抜き、戦力が隔絶《かつぜつ》する相手に辛《から》くも勝《かち》を収めることができました。国民の支援が日露の戦力差を補いました。

国民の理解を示す事例として、「久松五勇士《ひさまつ》」の逸話《いつわ》があります。インターネットでも紹介されています。ロシア戦闘艦三十六隻からなるバルチック大艦隊北上を目撃した宮古島の人は、国の危急を救うために一刻も早く大本営に知らせようと、通信施設のあった石垣島まで、百七十キロを手漕《てこ》ぎの刳舟《くりぶね》で夜の海を十五時間かけて漕ぎ切り、さらに三十キロの山道を駆け抜けて八重山通信所へ飛び込んで「敵艦見ゆ」を打電しました。百七十キロ、東京と静岡間が百八十キロです。大変な距離です。実際は、これより先に情報艦信濃丸《しなのまる》からの通報で、大本営はバルチック艦隊の到来を知っていました。日本の最南端にある辺鄙《へんぴ》な宮古島の漁師も、ロシアとの戦争目的をよく理解し、「我がこと」と考え、お国の為に懸命《けんめい》に船を漕ぎました。東京書籍はこのような美談や日本人の気概を示す話が嫌いのようです。このような逸話を教科書で紹介すれば、子供たちも、国民としての一体感と勇気を感じ取るのではないでしょうか。

（6）ロシアの侵略主義が日露戦争の原因

東京書籍は、日露開戦を「政府はロシアとの交渉による解決をあきらめて、1904年2月、開戦にふみ切り、日露戦争が始まりました」と書いています。日本は交渉抜きでいきなり開戦したのではありません。ロシアは日本の提案を一蹴《いっしゅう》し洟《はな》も引っ掛けなかったのです。ロシアは日本の十倍以上の国力や戦力を有していました。常識では勝ち目のないロシアを相手に、開戦に至るまでの開戦是非の議論や彼我《ひが》の軍事力分析を、歴史教科書であるならば概略でも説明すべきです。東京書籍は全く書きません。

日本は戦争回避のために、ロシアに対して満洲と朝鮮をそれぞれの勢力圏とすることを相互に認め合うことを求めましたが、ロシアは一歩も半歩も爪の先ほども譲歩しようとはしませんでした。ロシアの東方経略は朝鮮を取り、次の目標は日本、その次に中国や東南アジアが既定方針でしたから、元々、交渉を妥結させる心算《つもり》は全くありませんでした。東京書籍は開戦原因が領土拡張国家ロシアにあったとはっきり書くべきです。

ロシアは東方経略を着々と進め、義和団事件を奇貨《きか》として、大兵力を満洲に止め置いたまま、国際的約束を無視して一向に引き揚げませんでした。言《げん》を左右にして、兵力を増強し続け満洲を事実上我物にしました。続いて、朝鮮半島を窺《うかが》う勢でした。さらに、明治三十四年にシベリア鉄道を完成させ、ロシア本土からシベリアを横断して、続々と大兵力を満洲に送り込む体制を整えていました。日数を経れば経るほど、日本の勝ち目が薄くなっていきます。戦争するなら、一日でも早ければ早い分、日本に利がありました。

（7）歴史的文書である小村寿太郎《じゅたろう》の意見書を教えない

東京書籍は、日露開戦を決意するに至る最も重要な要件である、日英同盟に全く触れていません。開戦前、日本は自国を保全するために、日英同盟を結んでロシアと対決するか、或《あるい》は、日露同盟を結んでイギリスの鋭鋒《えいほう》を凌《しの》ぐか、どちらを採《と》るか政府を二分していました。維新を成した元老たちは日露同盟を推《お》し、次世代の指導者たちは、日英同盟を是《ぜ》としていました。その論争に止《とど》めを刺《さ》し、日英同盟を結ぶ決定打になった、小村寿太郎の意見書を全く書いていません。小村寿太郎の意見書の要点は、子供たちが現在の極東の国際環境を考察する時にも応用可能な分析です。外交評論家の岡崎久彦氏は、これを後世に遺る歴史的文書と称賛しています。以下、岡崎久彦氏の『小村寿太郎とその時代』から比較論をそのまま抜き書きします。*2

①英国の目的は現状維持と通商利益であるがロシアは侵略主義なので、ロシアとの平和は一時的であるのに対して英国との平和のほうが永続的である。

②シベリアの経済的価値は、あるとしてもずっと先のことであり、全世界にわたる英帝国との通商利益とは較《くら》べものにならない。

③ロシアと組んで英国の海軍力に対抗するよりも、英国の海軍力と組むほうがはるかに楽である。

④ロシアと組むと中国人の感情を害するが、英国と組めば中国における利益拡張に有利である。
⑤英国からは財政以上の便宜《べんぎ》も得られる。

以上、小村寿太郎の意見書は、ロシアを中国に英国を米国に置き換えれば今でも通用する考察です。現在進行中の北方領土返還交渉にも、この考え方が当て嵌《は》まります。⑤の財政以上の便宜とは、イギリスが世界中に張《は》り巡《めぐ》らした諜報《ちょうほう》網から得られる情報です。バルチック艦隊廻航の際に十二分に満たされました。バルチック艦隊はイギリスが所有するスエズ運河通過を拒絶されたので、遥々《はるばる》アフリカ大陸の最南端喜望峰《きぼうほう》を大回りする破目になりました。淡水補給に寄港する港を確保することにも難儀しました。日本は逐一《ちくいち》艦隊の位置情報を知らされるなど、種々多大な便宜を得ました。東京書籍は、日英同盟の意義を全く書かない、欠陥歴史教科書です。

(8) 世界を感嘆させた日本の武士道

東京書籍は世界を感嘆させた日本の武士道精神に全く触れず、敗者を思い遣る日本人の優しい心を教えていません。

有名な「水師営《すいしえい》の会見」の写真があります。多くの読者もご存知でしょう。この写真は日露の軍人が互い違いに着席し、ステッセル中将他ロシア人幕僚にも帯剣《たいけん》を許しています。一見して、どちらが勝者でどちらが敗者か分かりません。通常敗けた側は帯剣などは許されません。況《ま》してや、勝者と敗者が混じり合って着席するなど、絶対にありません。乃木大将は、新聞記者から写真撮影を求められた時、ステッセル中将に恥辱《ちじょく》を与えないように、彼我入り交《まじ》って着席させ帯剣まで許し、その上一枚だけしか撮影を許可しませんでした。敗者の心情を思い遣る武士道です。

明治天皇は、敵将ステッセル中将が祖国のために尽くした苦節《くせつ》を嘉《よみ》され、乃木将軍へ「武士の名誉を保《たも》たしむべきことを望む」と電報を打たせ、ステッセルを丁重《ていちょう》に遇《ぐう》せよお命じになりました。[*3] 日本人の高貴な魂を子供たちに教えたいものです。これこそ教育です。東京書籍の歴史教科書は、日本人の高貴な魂を感じさせません。

両将の会見の奥床《おくゆか》しい情景は、佐々木高綱作詞の文部省唱歌『水師営の会見』に活写《かっしゃ》されています。私も子供の頃、ラジオで聞いた覚えがあります。ここでは第四節だけを紹介します。

昨日《きのう》の敵は　今日《きょう》の友　語ることばも　うちとけて
我はたたえつ　彼《か》の防備　彼はたたえつ　我が武勇

「たたえつ」は「讃《たた》えつ」です。この唱歌を学校の音楽の時間で歌えば、子供たちに父祖が成した日露戦争の誉《ほまれ》と武士道を教えられます。民族の記憶を確かにします。

附《つけたり》　旅順要塞《りょじゅんようさい》司令官ステッセルは帰国後、旅順開城の責任を問われ軍法会議に掛けられました。

乃木将軍は欧州各国の新聞に種々の資料を送って、開城の止むを得ざることを発表させてステッセルを擁護しました。ステッセルが特赦《とくしゃ》にあって出所した後も、生活に窮《きゅう》していることを知ると、名前を伏して少なくない金をしばしば送りました。一方、ステッセルは乃木希典が明治天皇の崩御に際して殉死《じゅんし》したことを知ると、「モスクワの一僧侶」と記したのみで、皇室の御下賜金《ごかしきん》に次ぐ多額の弔慰金《ちょういきん》を送りました。ステッセルは晩年繰り返し、「自分は乃木大将のような名将と戦って敗れたのだから悔《く》いはない」と語っていました。*4*5

(9) 日露戦争が世界に与えた衝撃

東京書籍は、日露戦争が世界に及ぼした影響を、百九十一頁に小見出し「日露戦争後の日本と国際社会」で、次のように書いています。

> 【日露戦争後の日本と国際社会】
> 日露戦争での勝利によって、日本は列強としての国際的な地位を固めました。国民の中には、帝《てい》国《こく》主義国の一員になったという大国意識が生まれ、アジア諸国に対する優越感が強まりました。
> 一方、日露戦争での日本の勝利は、インドやベトナムなど、欧米《おうべい》列強の植民地であったアジアのさまざまな民族に刺激《しげき》をあたえ、民族運動が活発化しました。しかし、日本は新たな帝国主義国としてアジアの民族に接することになりました。

さらっと読むと何でもないようですが、一語一語に目を凝《こ》らすと、東京書籍執筆者たちが文章に潜ませた下心が読み取れます。「アジア諸国」は間違っています。当時アジアはタイ王国一ヶ国を除いて、皆白人の植民地ですからアジア「諸国」などはありません。次に、「優越感が強まり」はどうでしょうか。日露戦争で勝って、アジアの中で唯一列強に伍《ご》す国になりました。誇りを持つのは当たり前です。「優越感が強まり」は、子供たちに日本人であることを誇らせず、逆に罪悪感を持たせる作意です。東京書籍は元寇の叙述もそうですが、日本の誇りを書いた後で、必ずそれを打ち消すケチを書き加えます。こういうケチ付は、子供たちに母国である日本を第三国の如くの冷《さ》めた目でみる習慣を心の中に生じさせます。東京書籍は歴史を教えることよりも、子供たちが誇りを持たないように、その誇りを叩《たた》くことが目的のようです。歴史教科書として相応《ふさわ》しくありません。

日本は台湾を植民地にし、朝鮮を併合しましたが、その統治は西洋列強の収奪を目的とする植民地経営とは、一線を画す善政を敷きました。富を収奪するのではなく、日本から人材と資本を注《そそ》ぎ込んで、その国を近代化し民生を向上させました。東京書籍は欄外《らんがい》にインド首相ネルーの言葉を引用して、日本を帝国主義国家になったと非難していますが、ネルーは日本の台湾や朝鮮統治の実態を知らなかったと思います。もし知っていれば、イギリスによるインド植民地支配と引き比べて、こんな発言はなかったはずです。日本の朝鮮併合統治については、後段で詳しく書きます。

インドネシアの高校歴史教科書（二〇〇〇年版）には、こう書かれています。*6

日本のロシアに対する勝利は、アジア民族に政治的自覚をもたらすとともに、アジア諸民族を西洋帝国主義に抵抗すべく立ち上がらせ、各地で独立を取り戻すための民族運動が起きた。……太陽の国が、いまだ闇《やみ》の中にいたアジアに明るい光を与えたのである。

日露戦争は「いまだ闇の中にいたアジアに明るい光を与えた」と書き、日本を太陽になぞらえて称《たた》えています。東京書籍の論調とは雲泥《うんでい》の差があります。

(10) 日本は日露戦争に勝って一等国(注)になった

日露戦争勝利によって、日本は一等国になりました。一等国になったことを誇らない国がどこにありますか。一等国になって世界の列強に肩を並べ、漸く国家主権をもつ一人前の国として認められたのです。日清戦争直後の三国干渉を思い出して下さい。露仏独の三国に横槍《よこやり》を入れられ、清国から譲渡された遼東《りょうとう》半島を還付《かんぷ》させられました。豈計《あに》らんやその直後に、ロシアは三国干渉で清国に還付させたその遼東半島を横取りしました。これが帝国主義時代の習《なら》いです。ドイツも三国干渉仲介の代償に清国から青島《ちんたお》を租借しました。英国もそれでは自分にも分け前を寄越《よこ》せと、日本が占領していた威《い》海衛《かいえい》を分捕《ぶんど》りました。必至で仕留《しと》めた獲物《えもの》も、自分より強い虎が来れば、その獲物を虎に譲らねばならない。これが帝国主義というものです。

日露戦争に勝って、日本は国家主権を持つ一人前の国になりました。私たち子孫は、明治時代の父祖たちが命を懸けて贏取《かちと》った国の栄誉を称え、その父祖たちに敬意を表すべきです。東京書籍のように、「侵略戦争」だったと父祖を貶《おとし》め呪《のろ》ってはいけません。

（注）戦前の国際社会には、国に一、二、三等国の序列がありました。この時代、中国は二等国、朝鮮は三等国です。二、三等国には大使より格下の公使《こうし》が赴任《ふにん》しました。

(11) 日露戦争における明治天皇の御振舞いを教えない

最後に、付け加えたいことがあります。東京書籍はもちろん何も書いていませんが、子供たちに日清・日露戦争における明治天皇の国民への思し召《おぼめ》しを必ず教えておくべきです。明治天皇が斯《か》くも国民から敬愛をお受けになられた、その理由が分かります。

日清戦争のとき、明治天皇は広島に置いた大本営師団司令部の、御寝所《ごしんじょ》と執務室を兼ねた陋隘《ろうあい》な一室に、数か月間出征兵士と同じ労苦を忍ぶ生活をなさいました。戦地の兵士の労苦を慮《おもんぱか》って、身の廻りの世話をさせる女官《じょかん》を一人も置きませんでした。厳寒の冬にストーブを焚《た》かせず、火鉢だけでお過ごしになられました。これらのことは、多くの人もご存知と思います。日露戦争の時も、戦争が始まると直ぐにストーブを御止めになりました。

明治天皇は御生涯に九万三千三十二首の御製《ぎょせい》（和歌）をお詠《よ》みになりました。*7

『明治天皇御集謹解』（佐佐木信綱謹註、第一書房）の中から、日露戦争が始まった明治三十七年から崩御《ほうぎょ》なさるまでの御製を拝読しました。明治天皇がこの戦争にどのようなお感慨をお持ちだったのか、その辺を窺い知ることができる御製をいくつか紹介します。
明治天皇は、満洲その他で寒暑に耐えて戦陣で任務に就いている兵士たちのこと、息子を兵士として戦地に送った老父のこと、また、残された遺族のこと、痛手を負うた兵士たちの難儀や暮らし向きのこと、兵士たちに食糧弾薬を運ぶ軍馬のことまでも、四六時中、御心から離れることはありませんでした。眠っていても夢に見、ふと目が覚めても心に浮かぶことはそのことでした。

國

ちはやぶる神の御代《みよ》よりうけつげる國をおろそかに守るべしやは

神代より承《う》け継《つ》いだ国を、おろそかにしてはいけない、しっかり守らねばならない、という御意です。

田家翁　明治三十七年九月二十五日の作とされる

こらは皆軍《みないくさ》のにはにいではて、翁《おきな》やひとり山田《やまだ》もるらむ

軍《いくさ》のには（庭）は戦場のこと。耕作を委《まか》せていた息子たちが皆、戦地へ行ってしまったので、残った老父が一人で山の田圃《たんぼ》を守って、耕作していることであろう。
明治天皇は庶民の生活の有様を不思議とよくご存知でいらっしゃいました。この御製を伝え承《うけたまわ》っ

た老翁《ろうおう》は、聖徳に感激して業《ぎょう》に勤めたそうです。

いたでおふ人のみとりに心せよにはかに風のさむくなりぬる

をり（折）にふれて

いたでは重傷、みとりは看護、心せよは注意せよの意。俄《にわか》に吹いて来た冷《ひや》やかな風にふと気付いて、傷病兵の疵《きず》に風が障《さわ》ることを思い遣る御製です。

写真

末とほくかゝげさせてむ國のため命をすてし人のすがたは

明治天皇は日清戦争の記念に振天府《しんてんふ》、義和団事件に懐遠府《かいえんふ》、日露戦争に建安府《けんあんふ》を建てさせ、その府の中に、戦死した将校の写真を掲《かか》げさせました。

日露戦争の時、明治天皇に戦病死者の名前を奉呈《ほうてい》する時の様子を、侍従《じじゅう》の日野西資博《ひのにしすけひろ》は次のように書いています。*8

三十七八年の時（日露戦争）などは戦病死者の数が十何万もございまして、それが一々巻物なり法帖《ほうじょう》なりに認《したた》めて御覧に入れます。……御見落しなく残らず御覧あそばしまして、殆《ほとん》ど名前を読むやうに、十何万人といふものを一兵卒まで御覧になりまして……名前の訓《よ》み難《がた》いのがございますと「この名は何と訓《よ》むか、これはどういふ意味か誰かに尋《たず》ねて見よ」といふ御沙汰《ごさた》で……それほど詳しく十数万の戦病死者を、一兵卒に至るまで　御上《おかみ》は御覧になつたのであります。

折にふれて　明治三十七年の御製です。

はからずも夜をふかしけりくにのため命をすてし人をかぞへて

日野西侍従から奉呈された戦病死者の名を読み数えて、思わず夜を更《ふ》かしてしまったよ、という御製です。東京書籍が書くような、国民は天皇のためにあるなどという専制君主の面影《おもかげ》などは少しもありません。

ここで、大東亜戦争時の特攻隊に対する昭和天皇の最敬礼について触れておきます。大東亜戦争末期、戦勢挽回《せんせいばんかい》のために特攻隊が編成され、陸海軍合わせて二千四百五十九機、三千八百七十二人が散《さん》華《げ》しました。*9 特攻攻撃はその度に侍従武官から昭和天皇に上奏されました。侍従武官の吉岡戒三大佐が、特攻隊が突入したフィリピンのリンガエン湾の戦況を報告申し上げるために地図を指さすと、昭和天皇はすっと椅子からお立ちになり、そして最敬礼をなさいました。*10 戦況報告の度に繰り返された戦士に対する敬意は、昭和天皇も明治天皇も同じ、昭和天皇は明治天皇の直孫《じきそん》です。

　國の為たふれし人を惜《おし》むにも思ふは親のこゝろなりけり

男子を戦いで失った親の心が先づ思《おぼ》しやらるるというお歌です。
次は、日露戦争から凡そ一年半後の明治三十九年秋の御製です。

　國のためうせにし人を思ふかな暮れゆく秋の空をながめて

日本人であれば、この御製は説明不要です。多くの戦病死者のことが、いつまでも天皇の御心を離れませんでした。
暁述懐　明治四十三年、日露戦争から五年も経った晩年の御製です。

　あかつきのねざめ〳〵に思ふかな國に盡《つく》しゝ人のいさをを

夜の明ける頃、ふと御目が覚める毎に、国に尽くした人々の功《いさお》が、自然に心に浮んで来るという意です。

東京書籍は百八十五頁、教育勅語のコラムの中で、「天壌無窮《てんじょうむきゅう》の皇運を扶翼《ふよく》すべし」を、「天地とともにきわまりない皇室の運命を助けなければならない」と解説して、国民に天皇の運命を助けることを強要していると解説しています。明治天皇の御製を読めば「国民は自分を助けよ」などという下劣《げれつ》な御心《みこころ》などは露《つゆ》ほどもないことが自《おの》ずと知られます。

東京書籍は、聖徳太子の十七条憲法でも、国に仕える役人の心構えを諭《さと》す第三条「詔《みことのり》をうけたまわりては必ずつつしめ」を「天皇の命令を守りなさい」と解説して、「天皇の命令」を強弁《きょうべん》する書き振りです。東京書籍の執筆者たちは天皇を一体どのような存在と子供たちを誘導したいのでしょうか。東京書籍の執筆者たちは明治天皇の御製など読んだことがないのです。

【まとめ】

二十世紀は日本の世紀です。その始まりが明治三十七年（一九〇四年）の日露戦争です。有色人種による白人種に対する反撃開始です。地球の西端ヨーロッパから東の端《はし》、日本にまで押し寄せて来た白人列強の勢力を押し止めました。白人の植民地にされていた有色人種が、この後、大東亜戦争を契機《けいき》に雪崩《なだれ》を打って独立に突き進む大潮流を起こす発端《ほったん》になりました。現在の人種平等は我が日本の努力の賜《たまもの》です。父祖たちは偉大な功績を遺しました。

陸軍最後の大決戦・奉天《ほうてん》大会戦は世界史上最大約六十万人が対峙《たいじ》した陸戦で、日本海大海戦も世界史上最大の海戦です。どちらも日本の大勝利です。奉天大会戦の三月十日は陸軍記念日、日本海大海戦の五月二十七日は海軍記念日、両日は共に戦前は国の記念日でした。もう一度思い起こし、子孫に伝え遺すべき民族の大いなる記憶です。

附《つけたり》　日本の村々の神社には忠魂碑、表忠碑などと大書《たいしょ》した顕彰碑《けんしょうひ》が二基三基と並び建てられています。明治十年役（西南戦争）、明治二十七八年戦役（日清戦争）、明治三十七八年戦役（日露戦争）、大東亜戦争の碑です。太平洋戦争と書いてある碑は見たことがありません。太平洋戦争と普通に呼びますが、御英霊に敬意を表して大東亜戦争と呼ぶべきです。

数人の戦死者しかいない場合でも、身の丈《たけ》の二倍三倍、見上げるような立派な碑があります。村を代表して戦地に赴《おもむ》いた兵士たちに感謝を籠《こ》め、子々孫々忘れることがないように碑を建てました。今に至るも、神社総代会や地区会が毎年欠かさず慰霊祭を催しています。仏教教団阿含宗《あごんしゅう》の御英霊に対する御供養並びに顕揚運動に賛同して、神社を廻《めぐ》り改めて知った次第です。

＊１：『日本人のための第一次世界大戦史』板谷敏彦著、毎日新聞出版
＊２：『小村寿太郎とその時代』岡崎久彦著、ＰＨＰ
＊３：『明治天皇 下巻』渡辺幾次郎著、明治天皇頌徳会

＊4：『日本捕虜志（上）』長谷川伸著、時事通信社
＊5：『乃木希典 高貴なる明治』岡田幹彦著、展転社
＊6：『立憲君主 昭和天皇 上巻』川瀬弘至著、産経新聞出版
＊7：『和歌に見る日本の心』小堀桂一郎著、明成社
＊8：『明治天皇の御日常』日野西資博著、新学教友館
＊9：『戦跡に祈る』牧野弘道著、産経新聞出版（防衛庁刊行の『戦史叢書』からの引用）
＊10：『昭和史の天皇1』酒井堅次編集、読売新聞社

未開国家朝鮮を近代国家に育てた併合統治の功績

日本が未開国家朝鮮に近代国家の素地《そじ》を扶植《ふしょく》した「併合統治」を「植民地支配」と書く東京書籍を論難します。政治家もマスコミも臆面《おくめん》もなく「朝鮮植民地支配」と言いますが、言葉遣いを間違えています。韓国と結んだ条約の正式名称は「韓国併合に関する条約」です。明治四十三年に両国が調印し成立しました。「植民地支配」でなく、正しく「併合統治」と言わねばなりません。英語では併合をANNEXXATION、植民地をCOLONIZATIONと書き、両者を截然《せつぜん》と書き分けています。併合と植民地とは全く違った概念です。

朝鮮併合統治が所謂「植民地支配」とは程遠い実態を、現今の日韓軋轢《あつれき》を考える歴史の鑑《かがみ》とするた

めに解説します。

（１）日本人の子供たちが韓国人の子供に何も反論できずに苛《いじ》められている

平成二十二年二月、次世代の党幹事長であった山田宏衆議院議員が、国会の予算委員会で、次のように発言しています。米国カリフォルニア州でのことです。

○日本のことをいつも悪く言う韓国人のクラスメートがいて、事あるごとに議論を吹っかけられる、反論できずに日本の子供はじっと黙っているしかない
○韓国人の子供が数人やってきて、「独島は竹島ですね、韓国の領土だ」と叫んで逃げていく
○ランチで日本のおにぎりを持っていったら、汚《きたな》い、うんこみたいだと言われた。そのようなことを言われ続けた結果、我が子が、僕には汚い日本人の血が流れていると言って、机に頭をたたきつけていた
○日本人がどんなに肩身《かたみ》の狭い思いをしているか、わかりますか。日本の子供たちがどんなに傷ついているか、わかりますか。子供からは、学校に行って日本名で呼ばないでとお母さんも言われているんですよ、日本名で呼ばれたら日本人だとわかるから。外務省は日本人を守るためにあるんでしょう。どこの国を守っているんですか。

右に述べられている他にも、レストランでラーメンに唾《つば》を吐《は》き入れられたりすることもあったそうです。日本人の子供たちは韓国人の子供たちから苛めに遭っても、何も言い返えせなくて泣いています。可哀想ではありませんか。このような事態を招いたことの責任は、私たち大人にあります。

(2) 文科省の教科書検定が狂っている

東京書籍の歴史教科書の記述は、日本が百%加害者、朝鮮は百%被害者と子供たちに読み取らせます。日本は朝鮮に非道《ひど》いことや悪いことをした、自分たちの先祖は悪人だった、自分たちはその悪人の子孫だ、韓国人から罵《ののし》られても仕方ないと考えるようになります。

東京書籍は日本国の教科書でありながら、韓国側に立って書いています。韓国併合に至った日本側の主張や日本が統治下で行った功績は何一《なにひと》つ書いてありません。日本が朝鮮に対して本当に悪いことばかりして、よいことを少しもして来なかったとしたならば、朝鮮人の罵詈《ばり》を忍従《にんじゅう》することも一つの道でしょう。この教科書を採択した教育委員の皆様はどうしますか。米国在住の可哀想な日本人の子供たちと同じように泣き寝入りですか。この教科書を採択した教育委員諸氏は、子供たちに代わって朝鮮人からの罵詈を承《うけたまわ》らないといけません。

物心が付き始める年頃の中学生たちが、嘘や間違いを教えられて心を傷付けられ、無用な贖罪《しょくざい》意識を心の底に深く蔵《ぞう》して、生き続けることになってよいのでしょうか。日本が朝鮮でなした事実を正しく教えるべきです。事実をきちんと教えれば、時代に取り残された未開国家朝鮮を近代国家に育成した、父祖たちの偉業を誇りに思います。子供たちに日本側の主張や統治の功績をしっかり教えるべきです。双方の言い分を弁《わきま》えた知識こそが健全な両国関係を築く基礎です。

この教科書を検定合格させた文科省の役人は職責《しょくせき》を放棄しています。この教科書を採択した教育委員も猛省《もうせい》しなくてはいけません。

（3）憎しみに満ちた朝鮮統治の記述

東京書籍の中学校歴史教科書の記述は百九十二頁、小見出しは「韓国の植民地化」です。


【韓国の植民地化】

日露《にちろ》戦争の最中から、日本は韓国の植民地化を考えていました。そして、日本は、1905（明《めい》治《じ》38）年に韓国の外交権をうばって保護国にし、韓国統監府《とうかんふ》を置きました。初代の統監には伊藤博《いとうひろ》文《ぶみ》が就任しました。

1907年には、日本は韓国の当時の皇帝《こうてい》を退位させ、軍隊も解散させました。韓国の国内では日本に対する抵抗《ていこう》運動が広がり、元兵士たちも農民とともに立ち上がりました（義兵運動）。これは日本軍に鎮圧《ちんあつ》されましたが、日本の支配に対する抵抗はその後も続けられました。

1910年、日本は韓国を併合《へいごう》しました（**韓国併合**《かんこくへいごう》）。韓国は「朝鮮《ちょうせん》」に、首都の漢城《かんじょう》（ソウル）も「京城《けいじょう》」に改称《かいしょう》されました。また、強い権限を持つ朝鮮総督府《そうとくふ》を設置して、武力で民衆の抵抗をおさえ、植民地支配を推《お》し進めました。学校では、朝鮮の文化や歴史を教えることを厳しく制限し、日本史や日本語を教え、日本人に同化させる教育を行いました。植民地支配は、1945（昭和《しょうわ》20）年の日本の敗戦まで続きました。

（欄外に土地制度の近代化について、次のように書いてあります）

土地制度の近代化を目的として日本が行った土地調査事業では、所有権が明確でないとして朝鮮の農民が多くの土地を失いました。こうした人々は、小作人《こさくにん》になったり、日本や満州《まんしゅう》へ移住しなければならなくなったりしました。

何と憎《にく》しみに満ちた文章でしょうか。純真な日本の子供たちはこの文章を最後まで読み通すことができないと思います。この記述を本当のことと素直《すなお》に読む子供たちは恥ずかしさに顔を伏せたまま上げられません。日本の教科書と言わずにこの文章を読ませたら、恐らく、九割以上の人が韓国の教科書だと迷わず断定するでしょう。

以下、東京書籍の嘘を正します。韓国に対して悪怯《わるび》れずに、子供たちが胸を張って生きて行けるように、少々長文に亘りますが我慢して読んで下さい。

(4) 朝鮮統治は「植民地支配」ではなく「併合統治」

明治四十三年八月に、日韓両国が締結した条約の正式名称は『韓国併合に関する条約』です。この条約を項末に添付します（参考資料一）。

この条約は、韓国が統治権を完全に日本へ譲与《じょうよ》することを申し出て、日本はその申し出を受諾《じゅだく》するという形をとっています。当時、帝国主義時代にあっては、自立できない国は消滅を免《まぬ》かれるために、隣国の庇護《ひご》の下に入ることがありました。

「植民地」という言葉から、白人が植民地人の土地や財産を収奪したことを思い浮かべるでしょう。白人の植民地支配はその通りです。しかし、日本が統治した台湾、満洲、朝鮮はそのような「植民地支配」という概念が当て嵌《は》まりません。東京書籍の教科書はその違いに目を向けず、只管《ひたすら》、一方的に日本が悪いことをしたと教えています。日本の統治を、朝鮮人を苛めた「植民地支配」であったなどと早計《そうけい》に決め付けてはいけません。

（5）戦争という非常事態を無視した記述

東京書籍は日本が「侵略国家」であることを前提にして、「日露戦争の最中から、日本は韓国の植民地化を考えていました」と、初めから韓国を植民地にする計画であったと書いています。子供たちに日本悪玉論を植え付けるための誘導です。日露戦争は日本の存亡を賭《と》して、超大国ロシアに挑《いど》んだ乾坤一擲《けんこんいってき》の大戦争です。勝てないまでも、せめて負けない五分五分、首尾よくいって六分四分に持ち込めればよいと考えている時に、韓国を植民地にする余裕などあるはずがありません。

日本からの兵員と物資の補給路が朝鮮半島でした。そのため、開戦から二週間後に日韓議定書《ぎていしょ》を締結し、「軍略上必要の地点を臨機《りんき》収容することを得」ました。即ち、戦場である満洲への補給路を確保しました。東京書籍はこの議定書を以て、韓国を植民地にする計画の根拠と見做《みな》していると思われますが、牽強付会《けんきょうふかい》、こじつけです。この議定書は戦時における臨時非常措置です。日本と協力して自国を守ろうとしなかった韓国に対して、仕方のない処置です。

(6) 韓国は自国防衛のために自《みずか》ら戦おうとしなかった

日露対決の背景を日清戦争の所で述べましたように、日露戦争は日本を守るために、ロシアの南下を防ぐことを目的とした防衛戦争です。戦場が南満洲であったため、朝鮮半島が兵員や物資の補給路になりました。韓国の側から見れば、ロシアからの侵略を日本に肩代わりして守ってもらった戦争です。日本がもし戦争に負ければ、また、もし日本が戦争をしなかったならば、いずれ韓国はロシアに呑《の》み込まれる運命でした。にも拘《かか》わらず、韓国は自国のために日本と協力して戦おうとはしませんでした。もし、韓国が日本に少しでも協力して共にロシアと戦っていたとすれば、その後の韓国の歴史は変わっていたはずです。残念ながら、韓国にはその気はありませんでした。

他国に国を自由にされることは気分の悪いことですが、帝国主義時代に自立意志とその能力を欠いた弱小国家が免《まぬか》れない運命です。諦《あきら》めてもらうしかありません。日本が韓国に温情を掛けて足手纏《まと》いにでもなれば、日本が滅びます。

（7）国王退位と軍隊解散は世界の常識

東京書籍は「1907年には、日本は韓国の当時の皇帝を退位させ、軍隊も解散させました」と書いています。東京書籍は当時の皇帝の名前も書かず、退位に至った理由も書いていません。この人は高宗《こうそう》という名前ですが、子供たちが高宗を調べると、人物の程度が分かってしまうので書かなかったのではないかと推察します。我が明治天皇と比べれば月と鼈《すっぽん》です。

日露戦争後の一九〇五年に結んだ日韓協約によって、韓国の外交権を日本が持つことになりました。一九〇七年オランダのハーグで開かれた第二回万国平和会議に、高宗は日韓協約に違反して密使を送りました。韓国は既に外交権を失っていましたので、密使は会議に参加したどこの国からも相手にされませんでした。協約違反が露見したため、高宗は責任を取らされて退位し、位を皇太子に譲りました。日本が皇帝を退位させたくて、そうしたのではありません。また、東京書籍は皇太子が皇帝の位を継いだことを書かないので、子供たちは日本が韓国皇帝というものを廃止したと勘違いします。東京書籍は子供たちが史実をきちんと把握できるように記述すべきです。

その三年後の一九一〇年（明治四十三年）に、韓国が日本に併合を願い出て日韓併合条約が成りました。その条文に基づいて、皇帝がいなくなり軍隊も解散しました。東京書籍は一九〇五年の日韓協約と一九一〇年の日韓併合条約を扨混《こきまぜ》て書くので、子供たちの歴史理解を混乱させます。歴史教科書は、事件の因果関係を順を追って正確に記述すべきです。東京書籍は歴史理解よりも、日本糾弾が目的です。

また、東京書籍は、日韓併合条約によって廃位した韓国皇帝や王族を、日本がどのように処遇《しょぐう》したかに触れもしません。日韓併合条約第三条「日本は韓国皇帝など皇族たちを相当の威厳と名誉を有せしめ、十分な歳費を与える」と約束しました。日本は条約を遵守《じゅんしゅ》し温かく処遇しました。韓国皇帝の家族は、日本の皇族に準ずる待遇を受けました。日本は韓国皇帝の長子李垠《ちょうしりぎん》に梨本宮家《なしもとのみやけ》の方子《まさこ》女王を妃《きさき》として娶《めあわ》せました。日本が韓国の皇族を厚遇《こうぐう》した証左です。

イギリスはビルマ（ミャンマー）を攻め滅ぼして植民地にした時、国王夫妻をインドへ連れて行ってボンベイへ幽閉《ゆうへい》してしまいました。日本と白人国家の違いをよく認識して下さい。

子供たちが韓国王族の処遇を知れば、日本は敗者に優しい国だと嬉《うれ》しく思うに違いありません。東京書籍は日本人の優しさを子供たちに教えたくないようです。東京書籍は子供たちを自虐へ誘導する洗脳教科書です。

（8）「日本は韓国を保護国にして外交権を奪った」は間違い

日韓併合条約第一条で一切の統治権を完全且《かつ》永久に日本国皇帝陛下に譲与し、第二条で日本は譲与を受諾しました。奪ったのではありません。なぜ日本は韓国から外交権を譲り受けたのか、その理由が書いてありません。東京書籍は因果関係を書きません。韓国は事大《じだい》主義即ち強い国に事《つか》えることを習い性《せい》とする国です。その時々の強国に靡《なび》いて方向が定まらないので、東アジアの不安定要因になっていました。日清戦争前は宗主国の清国に従属し、三国干渉後は日本より強いロシアに靡《なび》き、日露戦争後はロシアに勝った日本に従いました。明治四十年五月、伊藤博文は統監官邸へ韓国の新内閣の各大臣を招いて、「過去の歴史に徴《ちょう》するに外交権を韓国に依然任せ置けば韓国は何時までも各国の競争場になるが故に、日本は止むを得ずして此の策（韓国の外交権を監理すること）に出でたるなり」と諭しています。*1

東京書籍が、「韓国の外交権を奪って保護国にし」と、如何にも日本が横暴を働いたように書いていますが、伊藤博文の右の諭しが、日本側の言い分です。宗主国であった清国を除いて、各国は皆日本による朝鮮併合をこの地域の安定に資《し》すると賛成しました。東京書籍は朝鮮側の言い分だけでなく、日本側の言い分も公平に書くべきです。

(9) 韓国に併合を望む人たちがいた

韓国側で日本への併合を推進した人に李完用《りかんよう》首相がいます。一九一〇年八月、李完用は総理大臣として日韓併合条約に調印しました。李は日本との合邦《がっぽう》を推進した理由を「朝鮮の専制王朝が最後まで文明開化を拒《こば》み、過度の浪費で、極貧と飢餓に疲弊する民族を放置していることを見るに見かねて、日本の全面的協力を得て民族の再興を期《き》するためであった」と述べています。*2

朝鮮という国は可哀相な国です。自力で生存しようとせず、また、できない国でした。日本、中国、ロシアの強国に挟まれ、その時々の強国に擦《す》り寄《よ》って生存を図る国でした。日露戦争開戦前、ロシアは朝鮮を併呑《へいどん》する本心を顕《あらわ》にしました。韓国は自国がロシアに併呑されようとしているにも拘わらず、東京書籍流の言い方を借りれば、対抗・抵抗・立ち上がろうとしませんでした。帝国主義の喰《く》うか喰われるか、どちらかしかない時代に自立できない国は、強い国の勢力下に入る運命に決まっています。ロシアに勝った日本の配下に組み込まれる運命は免れません。朝鮮は、支配者がロシアでなく日本であったことが幸運でした。もし、ロシア帝国の属国か植民地になっていたとしたら、現在の繁栄する韓国はありません。

一九一〇年に日本は大韓帝国（注参照）を併合しますが、この時、韓国の第一党であった一進会《いっしんかい》は、韓国皇帝と日本に対して合邦を請願しました。その時に首相であった李完用も合邦を推進しました。国際情勢を冷静に観察し、このままでは韓国は消えてなくなってしまうことを恐れた勇気ある韓国人たちが、後世の指弾《しだん》をも顧《かえり》みず断腸《だんちょう》の思いで決断したことです。彼らの英断《えいだん》こそ、朝鮮人も日本人も、民族を越えて多《た》とし賞讃すべきです。

李完用の葬儀には、彼を慕《した》う人波が一〇里（約四キロ）も続きました。韓国国民の信頼を得ていたのです。もっとも戦後、彼は売国奴とされ、墓を暴《あば》かれる剖棺斬屍《ぼうかんざんし》という極刑に処せられました。*3

注：朝鮮は１３９２年に高麗の武将であった李成桂《りせいけい》が高麗王朝を簒奪《さんだつ》して建てた国です。その国名の「朝鮮」は、明の太祖に「朝鮮」と「和寧」の二つの候補を示して、「朝鮮」に決めてもらいました。即ち、朝鮮は明の属国であることを自ら任じていました。日清戦争後、日本から自主独立の国になるように慫慂《しょうよう》されて、国名を「朝鮮」から「大韓帝国」に変えました。

(10) 日本は朝鮮に学校を作って普通教育を普及した

そもそも朝鮮には一般人に自国の国語や文化や歴史を教える学校がありませんでした。明治四十一年六月、伊藤博文は韓国総理大臣等に「韓国の人民の貧弱は実に見るに忍びない。これを救済する方法は教育の普及しかない」[*4]と訓示して、朝鮮において普通教育を始めました。加耶大学客員教授の崔基鎬氏と植民地研究家アレン・アイルランド氏が次のように述べています。

崔基鎬：李朝の五〇〇余年間、正式の学校もなく、名ばかりの国立（官立）学校が四校あるにすぎなかったが、伊藤（博文）は、教育の重要性を考えて「普通学校令」を公布し、統監府時代（一九〇六〜一〇年）には、すでに日本の資金で一〇〇校以上が築造《ちくぞう》され、合邦《がっぽう》以後もそれは続き、一九四三年には五〇〇〇校に達した。[*5]

アレン・アイルランド：1918年度で朝鮮人子弟のための公立校は466校となり、その歳出は183万5000円に上った。そのうちのたった19万5000円、つまり、全体の約10パーセントが朝鮮人の負担となった。一世帯の平均負担額は6銭ほどの低い額でしかなかった。不足分は、日本政府の補助で賄《まかな》われたのである。[*6]

(11) 日本は朝鮮人のために学校で朝鮮の文化や歴史を教えた

東京書籍は「学校では、朝鮮の文化や歴史を教えることを厳しく制限し、日本史や日本語を教え、日本人に同化させる教育を行いました」と書いています。これは歪曲です。この文章を読めば、日本は朝鮮の子供たちに朝鮮語も教えず、朝鮮史も教えなかったと信じてしまいます。もしこれが本当だとすれば、日本の子供たちは父祖の所業《しょぎょう》を恥じ、その子孫として罪悪感を覚えます。実際はどうであったでしょうか。

○日本は朝鮮の子供たちに朝鮮語を教え、ハングルを普及した

総督府は朝鮮人のためを考え朝鮮語教育をしっかり行いました。足掛け三十六年間の朝鮮統治の内、大東亜戦争中のわずか四年間教えなかった時期があっただけで、三十余年間朝鮮語とハングルを朝鮮の子供たちに教えました。今、朝鮮人が読み書きするハングルを普及したのは日本です。[注] 朝鮮語教育を行わなかったと誤解させる記述は間違いです。

朝鮮総督府で参事官として教育行政に携わった萩原彦三氏は、「総督府は大正十年（一九二一年）に李完用など朝鮮人識者を参加させて臨時教育調査委員会を設けて、朝鮮の教育制度を検討し、朝鮮教育令を全面改正した。普通学校の教科・朝鮮語の教育主旨は、朝鮮人が日常生活に困らないように普通に読み書きでき、思ったことを正確に表現できるようにすること」と述べています。*7 すでにこれより先、明治四十一年（一九〇八年）に修身《しゅうしん》、朝鮮語（ハングル語）、漢文、日本語の教科書が合計十八万二千冊以上つくられましたが、その内、朝鮮語が最も多く七万二千六百七十二冊ありました。*8 明治四十四年（一九一一年）に朝鮮教育令を公布して、朝鮮語教育大綱を定め、日本は、女子を含む朝鮮の子供たちを教育しました。*9 東京書籍の記述とは正反対です。

（注）朝鮮では漢字が尊《たっと》ばれ、ハングルは女文字として蔑《さげす》まれ普及していませんでした。漢字は

表意文字で、ハングルは表音文字です。表意文字と表音文字を併用する効率的な日本語と同じように、漢字・ハングル混じりの文章表記を福沢諭吉が提案しました。一八八六年、日本が鋳造《ちゅうぞう》したハングル活字を使って、初めて「漢城週報」が印刷されました。[10]

○日本は朝鮮人の子供たちに朝鮮の歴史を教えた

当時、朝鮮は日本国の一部でしたから、朝鮮史も含めて国史《こくし》と言い、学校で朝鮮の歴史を教えていました。日本の統治が始まるまで朝鮮には公立学校がなかったので、一般朝鮮人が朝鮮語と朝鮮史を学ぶ場も機会もありませんでした。朝鮮で歴史教育が始まったのは、大正十一年（一九二二年）です。一般朝鮮人は日本の統治下に入ってから、自国の歴史を学べるようになりました。昭和七年の国史の教科書には、朝鮮の歴史の事柄として、「昔の朝鮮」「三国の盛衰」「新羅の統一」「高麗の王建《ママ》（建国か？）」「高麗と蒙古」「朝鮮の太祖」「李退渓と李栗谷」「英祖と正祖」と言った項目がありました。[11] 朝鮮史を教えることは、朝鮮人が自国の歴史を忘れないように、日本が配慮して行ったことです。

(12) 土地調査で朝鮮人の土地を奪っていない、朝鮮農民の土地所有権を確定して上げた

東京書籍は欄外の注記で「土地制度の近代化を目的として日本が行った土地調査事業では、所有権が明確でないとして朝鮮の農民が多くの土地を失いました」と書いています。この文章を素直に読む子供たちは、「朝鮮人から土地を奪い取るために土地調査事業を行った」と誤解しかねません。それ

以外の読み取り方が外《ほか》にあるでしょうか。事実は東京書籍の説明と正反対で、日本人が朝鮮農民の土地所有の権利を公的に確定して上げたのです。

土地調査事業は韓国近代化の土台を整備するために、私たちの父祖が八年の歳月を掛けて行った壮大な事業です。歴史の進歩から取り残された未開国家朝鮮を近代国家にするための大事業でした。参考文献を二つ項末に掲載しておきます。一つは韓国人の著書（参考資料二『歴史検証　日韓併合』）で、もう一つは実際にこの事業に携わった人たちが、その事跡を後世に残して置くために記録した土地調査事業の概要（参考資料三『総督府時代の財政』）です。

近代国家の基礎として、土地の面積や所在、その所有権の確定と土地の価格の査定が必須です。そうしなければ、土地を相続したり、売買したり、担保《たんぽ》に入れてお金を借りることができません。土地の価格を決めなければ公平に税金を課すこともできません。私たちの父祖は朝鮮全土を測量して地図を作り、市街地を百十五級、田畑水田を百三十二級に等級分けしました。所有者に申告させて土地台帳に記載して所有権を確定しました。そして、土地を査定して価格を決めました。八年間を懸けて行ったこの大事業がなければ、現在の近代国家韓国は存在しません。

我が国の父祖たちが行ったこの大事業を「朝鮮人から土地を奪い取るため」とする記述は、言語道断《ごんごどうだん》、この事業に携わった父祖への冒瀆《ぼうとく》です。日本人は実に几帳面にこの事業をやり遂げました。感嘆に値します。こんな大事業を遂行する気概が今の日本人にあるでしょうか。子供たちにこれらのことを、事実をあるがままに教えれば、自分たちの父祖は本当に偉かったと尊敬するに違いありません。

崔基鎬氏は「（日本は）土地詐取《さしゅ》（騙《だま》し取ること）が発生することのないよう、繰り返し指導と啓蒙《けいもう》を進めていた。（朝鮮人の）農民たちも自身の土地が測量され、地籍簿《ちせきぼ》に記載されたのを見て喜び、積極的に協調した」と述べています。*12

一九二二年（大正十一年）末の日本人農業者所有土地面積は、一般地主十七万五〇〇〇町歩、東洋拓殖（注）八万町歩、合計二十五万五〇〇〇町歩で、全耕地面積の六％弱にすぎません。*13 この日本人所有の土地は朝鮮総督府から持ち主不明の土地を払い下げてもらったり、朝鮮人から買い取った土地であり、「奪った」土地ではありません。

米国マサチューセッツ大学名誉教授のマーク・R・ピティー氏が、この土地調査のことを「（日本人官僚による）土地の調査と登録計画は徹底的に正直なものであり、朝鮮の耕作者の犠牲の下で土地を日本人に再分配するように初めから意図されたものではなかった」と指摘《してき》しています。*14

（注）東洋拓殖は朝鮮併合統治のために設立した国策会社

（13）創氏改名と神社参拝を強制していない

東京書籍は二百三十一頁、小見出し「皇民化政策」で創氏改名を次のように記述しています。

> 【皇民化政策】
> 植民地の朝鮮《ちょうせん》では、日本語の使用や神社参拝の強要、姓名《せいめい》の表し方を日本式に改めさせる創氏

改名などの**皇民化政策**が進められました。さらに、志願兵制度が実施《じっし》されるなど、朝鮮の人々も戦争に動員されました。

東京書籍の虚構記述によって、子供たちは心を痛め付けられます。純真な子供たちが可哀想でなりません。このような事実無根のことを本当にあったことと信じ込んだ子供たちが大人になった時、無用な懺悔心《さんげしん》に苛《さいな》められていては、朝鮮人と健全な関係を持つことができません。東京書籍の執筆者たちは、何を目的に事実を捻《ね》じ曲げた教科書をつくるのでしょうか。また、文科省の教科書関係者に何を間違えて検定を合格させたのかを問い質《ただ》したい。

「皇民化政策」について、昭和八年に朝鮮へ渡り、終戦まで朝鮮総督府江原道庁に奉職《ほうしょく》した西川清氏の証言があります。*15

「皇民化政策」と言いますが、当時は日本（朝鮮も含む）にいる日本人全員が皇民化政策の対象でした。朝鮮人のみに押しつけたということはありません。

朝鮮総督府は、権力は振るいません。そもそも朝鮮総督府では、（日本人と朝鮮人の）差別を無くそうということが大方針だったのです。神社への参拝の強制もありませんでした。皇民化政策は、内鮮一体（内は日本本土、鮮は朝鮮のこと）と同じです。日本人と同じように朝鮮人にも権利があるということです。（傍線と括弧内は筆者）

要するに、皇民化政策は日本統治下にある日本人も朝鮮人も共に全員が戦時動員の対象であり、日本統治下で日本人であった朝鮮人を、日本人と差別なく平等に啓蒙《けいもう》しました。また、神社参拝も強制などしていません。東京書籍は「皇民化」の対象を朝鮮人だけと間違ったことを教えています。

東京書籍は、「姓名の表し方を日本式に改めさせる創氏改名」と書いて、「強制」としか理解できない書き方です。創氏改名は強制ではなく申告制です。朝鮮名のまま、日本軍の陸軍中将に昇進した洪《こう》思翊《しよく》という人がいます。当然、日本人を大勢部下に持っていました。日本名を名乗ることを強制していません。

以下、もう少し説明します。人の名前には姓《せい》と氏《うじ》と名《な》の三つがあります。日本でも昔はこの三つを名乗りました。姓は源平藤橘《げんぺいとうきつ》というような一族のことです。氏は家族としての苗字、名は個人名です。徳川家康は、姓は源《みなもと》、氏は徳川、名は家康です。

朝鮮には氏に当たるものがなく、姓と名の二つしかありません。金とか李とかいうものが姓で、その姓が韓国全体で僅か三百二十六しかありません。[*16]これですと、戸籍帳などで金とか李とかが、ずら並んでしまいます。因みに日本には氏が十万以上あるようです。

また、当時朝鮮で人口の半数近くを占めていた戸籍を持たない奴婢《ぬひ》階級の戸籍を作る時に、多くの日本名が誕生しました。[*17]朝鮮社会における差別された人々の奴婢に、平民と同等の権利を与え、階級差別を取り除いたのは日本です。

明治四十四年（一九一一年）十一月朝鮮総督府令第百二十四号『朝鮮人の姓名改称に関する件』で、

日本式の名に変えるには申請の上、許可を得なければならないとしました。昭和十四年（一九三九年）勅令十九号朝鮮民事令改正で氏を新設（創設）すること、制令第二十号『朝鮮人の氏名に関する件』で日本風の名前に変更（改名）することが布告されましたが、自己届出制であり、あくまでも任意でした。[*18] 仮に氏を創設しても、戸籍には姓が残っています。姓を奪った訳ではありません。新しく氏を創《つく》ることを希望しなければ、姓を氏とすることも可能でした。ですから創氏しても姓を失うことはありません。

(14) 志願兵制度で朝鮮人を動員していない

東京書籍は小見出し「皇民化政策」で「志願兵制度が実施されるなど、朝鮮の人々も戦争に動員されました」と書いています。「動員」と書き、あたかも強制的に兵士を駆《か》り集めたという印象を受けますが、実態はかなり違っていました。

志願兵制度は正確には「陸軍特別志願兵制《りくぐんとくべつしがんへいせい》」と言います。この志願兵募集に朝鮮の若者が殺到《さっとう》しました。この志願兵制は昭和十三年から昭和十八年の六年間実施され、合計一万六五〇〇人を募集しましたが、志願者は八十万三三一七人で競争率は四十八．七倍にもなりました。[*19] この数字を見れば、東京書籍が書くように「朝鮮人を動員した」と単純に割り切ることなどできません。朝鮮人自身が望まなければ、こんな大勢の人が応募するはずがありません。以下、李栄薫編著の『反日種族主義との闘争』から得た知識を基に書きます。志願兵に応募した人たちは貧しい人たちではなく、教育を受けた中農層の次男などが、両班《やんばん》の身分差別から抜けるため、税金を納める代償としての兵士になる権利、参政権を確保する布石、軟弱な精神に尚武《しょうぶ》を養うなどの理由がありました。このように、朝鮮側にも志願兵に自主的に応じた種々の事情がありました。

(15) 朝鮮によいことを沢山《たくさん》遺《のこ》した

東京書籍の韓国併合統治に関する記述で、最大の欠点は我が国が朝鮮で行った功績が一事も書いていないことです。日本は日本人の税金を使って朝鮮を近代化しました。白人の植民地支配とは全く様相を異《こと》にします。

植民地研究の第一人者アレン・アイルランドが一九二六年に上梓《じょうし》した『朝鮮が劇的に豊かになった時代』（桜の花出版）の巻末に朝鮮各地の併合前後の比較写真など、当時の写真が多数掲載されています。日本がなした功績が一目瞭然《いちもくりょうぜん》です。左にこの書物の目次を示します。日本が朝鮮の近代化に如何に尽くしたか、その全貌を窺《うかが》い知ることができます。

第四章　政府組織　Ⅰ総督府
第五章　政府組織　Ⅱ地方政府
第六章　司法制度と裁判所
第七章　警察と監獄
第八章　政府の財政
第九章　教育
第十章　医療・公衆衛生・社会福祉
第十一章　経済発展　Ⅰ農業

第十二章　経済発展　Ⅱ林業、水産業、鉱業　第十三章　経済発展　Ⅲ貿易、製造業、銀行業

朝鮮の政府組織、司法制度、教育、産業、農業、経済、医療ほぼ全分野に及んでいます。その他科学技術分野や道路・鉄道・港湾設備など交通輸送基盤も日本が作りました。それも、日本から税金、技術や人材を注《つ》ぎ込んでです。現在、朝鮮語で右記の分野で使われる用語のほとんどが日本語と同じです。日本から移植した和製漢語だからです。日本の助けがなければ、朝鮮は「無《む》」です。ついでに申し上げれば、中国語も朝鮮語と同様、右分野の用語はほとんど日本から移した和製漢語です。

日本による朝鮮併合統治について、朝鮮人以外の外国人からその統治についての非難の声を聞いたり読んだことがあるでしょうか。台湾や満洲統治も含めて、客観的な観方をする外国人識者が、日本の統治について悪く言う人を私は寡聞《かぶん》にして知りません。

中村粲《あきら》氏が『韓国併合とは何だったのか』（日本政策研究センター）の中で、白人が日本の統治の見事さに驚いた話を二つ紹介します。

昭和七年（一九三二年）リットン調査団の一員として、来日した米国代表マッコイ（マッコイは、満洲を視察した後、日本への道中に朝鮮を通りました）は、次のように言っています。

自分は昨夜来、東洋における一つの驚異を発見した。……朝鮮という所は地理的には大体満洲の延長であるから、相変らず匪賊《ひぞく》が横行し、産業も振るわず、赭土《あかつち》色の禿山《はげやま》の下で民衆は懶惰《らんだ》な

生活を送っているものとばかり思っていた。然《しか》るに、列車が一度鴨緑江《おうりょくこう》の鉄橋を越えるや（満洲から朝鮮に入国すると）、車窓に隠見《いんけん》する事々物々《じじぶつぶつ》、皆吾々《われわれ》の予想に反し、見渡す山野は青々として繁茂《はんも》し、農民は水田に出て孜々《しし》として耕作に従事している。そして、平壌その他工業地帯の煙突は活発に煙を吐《は》き、駅頭に見受ける民衆は皆さっぱりした衣服を纏《まと》い、治安はよく維持されていて何ら不安はなく、民衆は極めて秩序正しく行動し、且《か》つその顔に憂色《ゆうしょく》がなく、満洲に比べて別世界の観がある。

この当時の軍閥張学良《ぐんばつちょうがくりょう》支配下の満洲民衆の悲惨な有様は、今の北朝鮮と変わらないと思われます。その満洲から朝鮮半島へ鴨緑江を渡った時、車窓に映《うつ》る、満洲とは打って変わった豊かな大地を見た感想は、目に浮かぶようです。

もう一つ、昭和二十年終戦直後に、朝鮮へ進駐してきた米軍主席軍政官リール・リーズ少佐は「日本統治下における韓国の現状は実に悲惨なものだと聞いていたが、実際の姿は違っていた。道路交通網や鉄道は整備され、水利灌漑《かんがい》施設は行き届き、学校校舎は立派で全く驚きに耐えない」と感想を述べています。

日本の子供たちは、父祖がなした朝鮮統治を胸を張って自慢してもよいですね。白人植民地の搾取統治に馴染《なじ》んでいる彼等の目には、予想外で新鮮な風景だったのです。

（16）朝鮮近代化のために日本国民の税金を投入した

崔基鎬氏は「当時の韓国の財政は破滅的状況で財源は涸渇《こかつ》し、政財界には不正と腐敗だけが蔓延《まんえん》していた」「李朝当時の韓国は、両班という堕落した不労所得者の貴族集団が、良民、農民たちから財産と生産物を奪い、百姓たちは瀕死《ひんし》の状態に喘《あえ》いでいた」と述べています。[*20] 明治四十一年六月、伊藤博文が韓国の統監《とうかん》として、韓国の総理大臣と各道観察使《かくどうかんさつし》に対して「仮りに日本が韓国を併呑《へいどん》しても、このような貧弱な国民を併有《へいゆう》して何の利もない」と言っています。[*21] 当時の朝鮮は極貧国《ごくひんこく》です。日本はこんな朝鮮に日本国民の税金を注《つ》ぎ込んで、日本と同様の近代国家にしようと、涙ぐましく努力しました。日本は毎年、朝鮮歳出の十五％から二十％を補填《ほてん》しました。勿論、日本国民の税金です。[*22]

（17）朝鮮は文明が退化し紙幣も車もなかった

李氏朝鮮は搾取政治で国民の福祉など目もくれませんでした。そのため、朝鮮の文明は退化しました。こんな惨状を改善し、近代国家への仲間入りの道を開いたのは、日本の優秀な官僚たちです。

李氏朝鮮の時代、紙幣がなく貨幣しかありませんでした。世界を旅したイザベラ・バードというイギリス人の女性旅行家がいます。彼女は日清戦争の頃朝鮮を旅行し、紀行文を著《あらわ》しています。次のように書いています。[*23]

通貨に関する問題は、……銀行や両替商は旅行先のどこにも一軒としてなく、しかも受け取ってもらえる貨幣は、当時公称三二〇〇枚で一ドルに相当する穴あき銭以外になかった。この貨幣は数百枚単位でなわに通してあり、数えるのも運ぶのも厄介だった……一〇〇円分の穴あき銭を運ぶには六人の男か朝鮮馬一頭がいる。たった一〇ポンドなのにである！

この文章を読むと、十九世紀も終わろうとする頃になっても、朝鮮では高額貨幣はおろか紙幣すらなかったこと、運搬道具としての車というものがなかったことが分かります。両班政治の悪政で、朝鮮の民衆は収奪され、経済は停滞し、整備された道路も橋もない有様で、車を使うことができなったのです。李完用首相が、どうしようもない朝鮮を、何とか民族として生き延《の》びさせようとして、日本との合邦《がっぽう》を決意した理由を理解できます。

こんな極貧国を日本は立派な国に育てて上げましたが、にも拘らず、朝鮮人から憎《にく》まれ恨《うら》まれるとは、どうしたことでしょうか。かてて加えて、朝鮮近代化に貢献した父祖を誹謗《ひぼう》するとは、東京書籍の歴史教科書は顛倒《てんどう》しています。

(18) 韓国併合を詠んだ短歌で贖罪意識を駄目押《だめお》しする

東京書籍は百九十二頁に、初代朝鮮総督寺内正毅《まさたけ》と石川啄木の二首の歌を子供たちに読ませています。

寺内正毅　小早川加藤小西が世にあらば今宵《こよい》の月をいかに見るらむ
（筆者注：寺内は初代朝鮮総督。小早川、加藤、小西は豊臣秀吉の朝鮮の役のときの日本軍の将）
石川啄木　地図の上朝鮮国に黒々と墨をぬりつつ秋風を聴く

東京書籍はこの二首を読ませて、子供たちの心の中に何を植え付けたいのでしょうか。国際情勢を書かず、日本側の主張を書かず、日本統治の功績を書かず、朝鮮側の立場から事実を捻《ね》じ曲げ、その上さらに駄目押しにこんな歌まで読ませています。東京書籍は子供たちに猛毒を注ぎ込む洗脳教育文書です。

【まとめ】

戦前、日本が朝鮮半島で為《な》したことが、全部良いことばかりだったとは申しませんが、韓国のために必要欠くべからざる数々の貢献をなしたことを、我が国の功績として教科書にしっかり書くべきです。朝鮮に限らず、台湾や満洲でも、その国の富を収奪するのではなく、反対に日本は自国の税金を使って、その国の民生を向上し、国を発展させました。白人諸国から見れば実《まこと》に馬鹿な御人好です。これも日本人が生まれもった誠実さ生《き》真面目さですから仕方ありません。しかしながら、その国から恨まれる筋合いはありません。

朝鮮側の言い分ばかり書き、子供たちに要《い》らざる贖罪意識《しょくざいいしき》を植え込むことは、日韓双方に百害あって一利もありません。朝鮮側、日本側双方の言い分を共々併記《へいき》すべきです。これは、「はじめに」で書きました七分三分の七分を書かない東京書籍の悪弊《あくへい》です。

朝鮮統治はどうあるべきだったのでしょうか。歴史家でもない、ただの給料取り上がりの私の提言ですから、そんな考えもあるものかと思っていただければ結構です。台湾とは違って朝鮮は曲形《まがりなり》にも国家というものが有り、朝鮮人は民族意識や国家意識を確固として持っていました。その朝鮮の水準を引き上げてやろうと考え、その家へ上がり込んで、善意に任せて人材やお金を注ぎ込み、余りにも生真面目、几帳面に努めてしまいました。この善意、生真面目さが却って仇《あだ》になりました。彼等にも民族としての誇りがあります。彼らの自尊心に任せて、適当に抛《ほう》っておけばよかったのです。

そして、満洲を得たならば朝鮮に自治を許し、適当な時期に独立させてやればよかった。日本と満洲で挟み込んで睨《にら》みを利《き》かせば、朝鮮がどっちを向こうと物の数ではなかったはずです。伊藤博文の併合への逡巡《しゅんじゅん》も、朝鮮直接統治の弊害を見越していたように思います。

最後に、日本の韓国併合に反対した国は清国一国だけで、その他各国は東亜の安定に資すると皆賛同したことを付言しておきます。

《参考資料 一》韓国併合に関する条約　明治四十三年八月二十二日京城に於て調印

第一条　韓国皇帝陛下は韓国全部に関する一切の統治権を完全且永久に日本国皇帝陛下に譲与す

第二条　日本国皇帝陛下は前条に掲げたる譲与を受諾し且全然韓国を日本帝国に併合することを承

諾す

第三条　日本国皇帝陛下は韓国皇帝陛下太皇帝陛下皇太子殿下竝《ならびに》其の后妃《こうひ》及後裔《こうえい》をして各其の地位に応じ相当なる尊称威厳及名誉を享有《きょうゆう》せしめ且之を保持するに十分なる歳費を供給すべきことを約す

第四条　日本国皇帝陛下は前条以外の韓国皇族及其の後裔に対し各相当の名誉及待遇を享有せしめ且之を維持するに必要なる資金を供与することを約す（第五条以下略）

《参考資料 二》加耶大学客員教授崔基鎬の著書『歴史再検証 日韓併合』（祥伝社）から抜粋

慶南・金海市地域には、大量の原資料が残っていた。それらの資料を検証して、（韓国の）教科書とはあまりにも異なる内容に驚いた。

「土地申告をやらせて、無知な農民たちの未申告地を容赦なく奪った」と（韓国の）教科書の記述にはあるが、実際はまるで異なり、未申告地が発生しないよう綿密な行政指導をしており、土地詐取が発生することのないよう、繰り返し指導と啓蒙を進めていた。

農民たちも自身の土地が測量され、地籍簿に記載されたのを見て喜び、積極的に協調した。その結果、墳墓《ふんぼ》・雑種地を中心に〇・〇五％程度の未申告地が残ったにすぎない。それを知った時、私が持っていた植民地朝鮮のイメージは、架空の創作物にすぎないものであったことを自覚した。（括弧内と傍線は筆者）

《参考資料 三》『総督府時代の財政』財団法人友邦協会「土地調査事業について」から抜粋

土地調査の事業は大別して、(一)土地所有の調査、(二)土地価格の調査、(三)地形地貌の調査となり、ことに地価は周到綿密な調査を基礎として、市街地は一一五級、市街地以外は宅地を五三級、田□(□は水の下に田、水田のこと)地沼および雑種地を一三二級とし、朝鮮全土を通じ統一的にその調査を行ない、地位および等級を詮定《せんてい》し、それにより地税制度を確立するのに遺憾なきを期したのである。また本調査は半島の全地域にわたり三角測量その他の基準測量ならびに地形調査を遂行し、土地総筆数一千九百万余筆《ひつ》に対し土地所有権、土地価格、地形地貌等に関する調査を行ない、一筆地ごとにその地番、地目、面積、地価、地主および地位・等級を掲示した土地台帳、その他付属諸帳簿ならびに、これに相当する地籍図を調整し、大正7年12月までに各府郡島に引継ぎを完了し、また別に全鮮にわたり五万分の一、二万五千分の一または一万分の一(特定の地方に限る)の地形図を作成し、さらに土地調査の成果を全うするため、付帯事業として、府郡島地籍事務の検査、地誌資料の編纂等を行った。

＊1：『伊藤博文演説集』瀧井一博編、講談社学術文庫
＊2、3：『歴史再検証 日韓併合　韓民族を救った「日帝36年」の真実』崔基鎬著、祥伝社
＊4：『伊藤博文演説集』瀧井一博編、講談社学術文庫
＊5：『歴史再検証 日韓併合　韓民族を救った「日帝36年」の真実』崔基鎬著、祥伝社

*6：『朝鮮が劇的に豊かになった時代』アレン・アイルランド著、桜の花出版
*7：『日本統治下の朝鮮における朝鮮語教育』萩原彦三著、財団法人友邦協会
*8：『日韓併合の真実 韓国史家の証言』崔基鎬著、ビジネス社
*9：『日本統治下の朝鮮における朝鮮語教育』萩原彦三著、財団法人友邦協会
*10：『韓国は日本がつくった』黄文雄著、WAC
*11：『日本支配36年 植民地朝鮮の研究』杉本幹夫著、展転社
*12：『歴史再検証 日韓併合』崔基鎬著、祥伝社
*13：『日本支配36年 植民地朝鮮の研究』杉本幹夫著、展転社
*14：『日本の朝鮮統治を検証する 1910―1945』ジョージ・アキタ、ブランドン・パーマー著、草思社
*15：『朝鮮総督府官吏最後の証言』桜の花出版編集部編、桜の花出版
*16：『日本支配36年 植民地朝鮮の研究』杉本幹夫著、展転社
*17：『日露戦争と世界史に登場した日本』若狭和朋著、WAC
*18：『韓国は日本人がつくった』黄文雄著、WAC
*19：『反日種族主義　日韓危機の根源』李栄薫編著、文藝春秋
*20：『歴史再検証 日韓併合　韓民族を救った「日帝36年」の真実』崔基鎬著、祥伝社
*21：『伊藤博文演説集』瀧井一博編、講談社学術文庫

＊22：『韓国は日本人がつくった』黄文雄著、ＷＡＣ
＊23：『朝鮮紀行 英国婦人の見た李朝末期』イザベラ・バード著、講談社学術文庫

国際連盟規約に人種差別撤廃《てっぱい》を発議

第一次世界大戦の講和会議で、日本は人種差別撤廃を発議しました。米国大統領ウィルソンによって強引に却下されましたが、国際会議で初めて人種や肌の色による差別のない世界を提議した画期的な出来事です。日本の名誉ある記憶です。今から百年も昔に、日本が公式の場で世界で初めて人種平等を主張したことを知れば、子供たちも誇りに思うはずです。日本を差別の国と教えたい東京書籍は全く書いていません。歴史に残る我が国の名誉が嫌いのようです。

（1）日露戦争、第一次世界大戦、大東亜戦争の度に有色人種が地位を高めた

二十世紀初頭、我が国は超大国ロシアを相手に陸に海に、世界の戦史でも稀《まれ》な大勝利を博しました。白人種は優秀、有色人種は劣等という、当時、世界中の人が懐《いだ》いていた人種差別の通念を引っ繰り返しました。これが「二十世紀は日本の世紀」の幕開け、世界中の有色人種が白人種に立ち向かい、独立へと突き進む大潮流の始りです。もちろん、その先頭に立つ国が日本でした。大東亜戦争で日本は戦いに負けはしましたが、ベトナムでフランス人を、マレーとシンガポールとビルマでイギリス人を、

インドネシアでオランダ人を、フィリピンでアメリカ人を、アジア人の目の前で、日本軍は白人を叩きのめし、捕虜にし、収容所へ抛《ほお》り込みました。敗残者となった白人の惨《みじ》めな姿を目の辺《あたり》に見《ま》て、アジア人は白人に対する劣等意識を払い除《の》けることができました。

もし大東亜戦争というものがなかったとしても、将来、いつの日かアジア人も独立させてもらえたでしょうけれども、それは白人から与えられた独立です。「与えられた独立」では白人に対する対等意識は生まれません。二十一世紀なっても、有色人種は白人種への劣等意識を払拭《ふっしょく》することをできなかったでしょう。

今、日本人はこの特筆すべき名誉の記憶を忘れてしまいました、否《いな》、忘れさせられました。もう一度、民族の記憶として取戻《とりもど》し、子供たちや子孫に受け継がせるべき大切な遺産とすべきです。

(2) 国際連盟規約に人種差別撤廃を発議した

第一次世界大戦の講和会議が、一九一九年一月パリで始まりました。日本は西園寺公望《きんもち》を代表とする代表団を送りました。主要議題は戦後処理とその後の世界恒久平和のための仕組み作り、即ち国際連盟の創設です。

日本は国際連盟創設に際して、連盟規約の中に人種差別撤廃を盛り込むことを提案しました。当時、日本人はアメリカのカリフォルニア州で、非道い人種差別被害を被っていました。カリフォルニアという州は排日土地法などを制定したり、大東亜戦争が始まると日系人を敵性外国人として隔離《かくり》したり、今でも、慰安婦を象徴する少女像を公共の場に設置するなど、日本にとって鬼門の州です。
日本は、連盟規約第十九条の信仰の自由に関する規定の中に、「人種或《あるい》は国籍の違いによって差別しないこと」を盛り込むことを提案しました。*1 現在では当たり前過ぎるほどの提案ですが、当時にあっては異端《いたん》でした。オーストラリアなど、白人が土人から土地を奪い取った国々は猛反対しました。それらの国々の宗主国であるイギリスも到底同意できませんでした。また、アメリカもカリフォルニア州で有色人種に対して移民規制など人種差別政策を行っていましたので、とても呑《の》めませんでした。それで、議長を務めていた米国大統領ウィルソンは「重要な問題だから全会一致が必要」と逃げ口上を打って、第十九条全体を葬ってしまいました。
日本は人種差別撤廃を公の国際会議で初めて発議した名誉ある国です。大東亜戦争前は有色人種に対する白人種優位は当然とされ、人種差別は世界秩序を形成する一要素でした。人種差別撤廃を宣した日本の行動を、是非とも子供たちに教えておくべきです。

【まとめ】

今では不思議でもなく当たり前の人種平等は、凡そ半世紀に亘る日本の苦闘の遺産です。日露戦争勝利で有色人種が目覚め、第一次世界大戦講和会議で日本が初めて世界に発議し、大東亜戦争で実現させました。国の誇り、民族の名誉ある記憶として、是非とも子供たちに教えておきたい偉業です。

＊1：『英米世界秩序と東アジアにおける日本』宮田昌明著、錦正社

人類の敵である共産主義を擁護《ようご》している

東京書籍は世界中に猛毒を撒《ま》き散らし、今も撒き散らし続けている共産主義を擁護する教科書です。第一次世界大戦の最中《さなか》、一九一七年（大正六年）レーニンとトロツキーに率《ひき》いられてロシア革命が起こり、一九二二年に共産主義国家ソビエト社会主義共和国連邦（ソ連）が建国しました。以降、二十世紀の終わりまで、凡そ七十年間共産主義という猛毒を世界中に撒《ま》き散らしました。有史以来最大規模、人類が蒙った想像を絶する大惨劇が地球上の処々《しょしょ》を襲いました。

一九九一年にソ連は崩壊しましたが、その余燼《よじん》は中国で北朝鮮で今尚熾《なおさかん》です。さらにその余波は共産中国によってチベットやウィグル、内モンゴルに波及し、民族浄化という蛮行《ばんこう》が猛威を振るっています。その蛮行に直面している被圧迫民族は風前の灯《ともしび》、民族そのものが消滅させられようとしています。

共産主義の名の下に、恐らく一億人位の命が奪われ、幾つもの文明や文化は根絶やしにされ、土地も資源も財産も皆収奪されました。共産主義は人類が産《う》んだ大悪魔です。ソ連や中国などの共産主義国家がしでかした蛮行や虐殺は、ヒットラーのナチスがなした虐殺などとは比物《くらべもの》になりません。

東京書籍が共産主義国家ソ連の建国を賛美する記述は二百十頁から十一頁の二頁に亘っています。

先づ目を引くのは上段にある「ロシア革命のデモの様子」の大きな写真です。そこには、家族手当や食料を要求する穏やかな顔付きの群衆が写っています。ロシア革命とその後のソ連の惨劇とは凡《およ》そ縁遠い写真です。ロシア革命を善良な民衆による平和な革命であると錯覚させる煙幕です。

【ロシア革命】
19世紀後半のロシアでは、社会主義が、政府による弾圧《だんあつ》にもかかわらず広まっていました。第一次世界大戦が総力戦として長引き、食料が不足して民衆の生活が苦しくなると、戦争や皇帝《こうてい》の専制に対する不満が爆発《ばくはつ》しました。1917（大正《たいしょう》6）年に「パンと平和」を求める労働者のストライキや兵士の反乱が続き、かれらの代表会議（ソビエト）が各地に設けられました。皇帝が退位して、議会が臨時政府を作りましたが、臨時政府とソビエトが並立したため政治は安定せず、社会主義者**レーニン**の指導の下《もと》、ソビエトに権力の基盤《きばん》を置く新政府ができました（**ロシア革命**）。この革命政府は、史上初の社会主義の政府でした。

【シベリア出兵とソ連の成立】
革命政府は、土地を貴族からうばって農民に分配した一方で、銀行や鉄道、工場などの重要な産業を国有化して社会主義の政策を進めました。また民族自決を唱えて帝国《ていこく》主義に反対し、さらにドイツと単独で講和を結んで、第一次世界大戦から離脱《りだつ》しました。

ロシア革命は、資本主義に不満を持ち、戦争に反対する人々に支持され、各国で社会主義の運動が高まりました。しかし、イギリス・フランス・アメリカ・日本などの政府は、ロシアの戦争離脱に反対し、また社会主義の拡大をおそれて、ロシア革命への干渉《かんしょう》戦争を起こし、シベリアにも軍を送りました（**シベリア出兵**）。革命政府は、労働者と農民を中心に軍隊を組織して干渉戦争に勝利し、国内の反革命派も鎮圧《ちんあつ》して、1922年に**ソビエト社会主義共和国連邦**《れんぽう》（**ソ連**）が成立しました。

【独裁と計画経済】

ロシア革命を指導した政党は、将来の**共産主義**の実現をかかげていたので、名前を共産党に改めました。共産党はほかの国にも設立されて、各国で労働者の運動を指導しました。各国の共産党をソ連共産党が指導する国際的な機関も結成されましたが、ソ連以外では社会主義革命は実現しませんでした。このためレーニンの後に指導者になったスターリンは、ソ連一国での共産主義化を優先し、1928（昭和《しょうわ》3）年からは「**五か年計画**」を始めて、重工業の増強と農業の集団化を強行しました。この計画経済によって、ソ連は国力をのばしました。しかしそのかげで、数百万人もの農民が餓死《がし》し、また国の方針に批判的な人々は追放・処刑《しょけい》されて、独裁が強化されました。

（1）共産主義革命を素朴《そぼく》な民衆革命と偽装《ぎそう》している

私はロシア革命を講釈できる知識を持ち合わせませんが、東京書籍の記述の中で浅学の私が気付いた点を左に述べます。

○東京書籍はロシア革命の発端とソ連成立までの経過を「パンと平和」「戦争反対」「専制反対」「貴族の土地を農民に分配」「民族自決」「帝国主義反対」「労働者と農民の軍隊」など、民衆の素朴な願望や綺麗事《きれいごと》の言葉を書き並べ、あたかも共産主義が民衆の支持を得た素晴らしい主義の如くに印象付けています。純真な子供たちは、史上最悪の政治思想の共産主義を、正しい理想の主義と錯覚しそうです。

○戦争で疲弊《ひへい》した国民が皇帝に対して不満を訴えたことがロシア革命の切掛《きっか》けでしたが、東京書籍が教えるように、民衆運動の自然な流れの中で革命が発生したのではありません。住民のパン寄越せ運動に便乗《びんじょう》して、レーニン等の職業革命家が武装蜂起《ほうき》して政治権力を奪取した武力革命です。

○東京書籍はソ連が「民族自決を唱えて帝国主義に反対し、さらにドイツと単独で講和を結んで、第一次世界大戦から離脱しました」と珍しく尤《もっと》もらしい因果関係を書いていますが、これは嘘《はく》です。ソ連が戦線を離脱した理由は「民族自決」などではありません。共産主義革命に反対する白ロシア軍との厳《きび》しい内乱に勝ち抜くために、対独戦に構ってはいられなかったからです。

○東京書籍はロシア革命を共産主義革命ではなく社会主義革命を目指したと誤魔化しています。しかし、レーニンはマルクス主義を信奉する歴《れっき》とした共産主義者ですから、レーニンは共産主義国家建設を初めから目的にしていました。東京書籍は、共産主義を社会主義と別物にして、共産主義国家のソ連や中国を擁護する詐術《さじゅつ》です。

○東京書籍は「各国の共産党をソ連共産党が指導する国際的な機関も結成され」と書いていますが、その国際的機関の名称を伏《ふ》せています。この機関を「コミンテルン」と言います。ソ連が主導して世界中を共産化することを目的とする国際組織です。現在の日本共産党も大正十一年にコミンテルンの指令で、「天皇制打倒」を掲げて結成されました。東京書籍が「コミンテルン」を教えない理由は、日本共産党がコミンテルンの命令で作られた共産主義国家ソ連の落とし子であることが知られてしまうからでしょうか。

(2) 共産主義国家ソ連を独裁国家と見做《みな》さない

東京書籍は共産主義国家ソ連を英米と同じ民主主義国家の仲間に位置付けていますが、事実の履《は》き違いです。巻末の用語解説の全体主義の説明にソ連はぴったり当て嵌まります。ソ連は全体主義国家の権化《ごんげ》です。

> 用語解説「全体主義」:個人の利益よりも国家全体の利益を優先させる考えや政治の形態。民主主義を否定し、一人または一党の独裁により実現するとし、思想や表現の自由を制限し、個人の財産や生活も規制していった。

東京書籍には「ソ連がファシズム・全体主義国家」であるという記述はありません。ソ連を民主主義国家の仲間に混ぜて、子供たちに共産主義や共産主義国家に対する嫌悪感を起させないように仕組んでいます。もう一段穿《うが》って考えると、子供たちに共産主義国家・中国や北朝鮮に警戒心を懐かせない魂胆《こんたん》と見受けます。

(3) ソ連は赤色《せきしょく》帝国主義の大侵略国家

昭和十四年九月一日ドイツ軍はポーランドに武力侵攻しました。すると、イギリスとフランスがドイツに宣戦布告して、第二次世界大戦が勃発しました。その一週間前八月二十三日に独ソ両国は独ソ不可侵条約を締結しています。その条約の付属秘密議定書（参考資料一）で、ソ連はドイツと共謀《きょうぼう》してバルト海諸国とポーランド分割を秘密裡に協定しました。ドイツがポーランドに攻め入ると、ソ連は狡猾《こうかつ》にもドイツ軍がほぼポーランド軍を壊滅させる頃を見計らってポーランドへ武力侵攻し、ポーランドをドイツと分割占領してしまいました。

独ソ不可侵条約による両国のポーランド武力侵攻が事実上の第二次世界大戦の始まりです。この頃英国の対欧州外交を担当していて、後にチャーチルの跡を継いでイギリスの首相となったイーデンも、「独ソ不可侵条約が第二次世界大戦を不可避なものにした」と回顧録に書いています。[*1] 第二次世界大戦勃発責任をヒットラーのドイツだけに押し付けることは間違いです。独ソは共犯者です。

さらに、ソ連はドイツとの秘密条約に基づき、バルト諸国のエストニアとラトヴィアの二国をも占領しました。その後直ぐに、フィンランドへも攻撃を仕掛けました。フィンランドはマンネルヘイム将軍の指揮の下で、一時ソ連軍に苦戦を強《し》いましたが大軍に抗し得ず、フィンランドの耕地面積の四分の一にあたる広大な領土をソ連に割譲して、余儀《よぎ》なく講和しました。*2 ファシズムのドイツと共産主義国家のソ連は同じ穴の貉《むじな》です。ソ連は国際連盟から除名されました。

私がポーランドへ観光旅行した時、現地案内のポーランド人女性に、ドイツとソ連とどちらが憎いかと質問しました。彼女の答えは、「どちらも憎いが、ソ連はポーランドを助けると言いながら軍事占領して非道いことをしたので、ソ連の方が余計に憎い」でした。

(4) 共産主義を理想社会のように教える

東京書籍は二一一頁、「歴史にアクセス 社会主義と共産主義」でソ連が作ろうとした共産主義を次のように解説しています。

> 【社会主義と共産主義】
> 社会主義者も共産主義者も、資本主義の最大の問題点は、資本家がたがいに競争しながら利益の拡大を目指すため、労働者の賃金をおさえてしまうことにあると考えました。……共産主義者は、私有財産を制限して、競争をなくしつつ、国家が計画的に物を生産し、個人の必要に応じて分配するという理想社会の建設をかかげました。

ソ連が成立すると、社会主義はこうした共産主義の理想社会を実現するための第一段階とされ、土地と主要な産業が国有化されて、国家が経済の全てを決定することになりました。

東京書籍は共産主義思想の誤謬《ごびょう》を巧妙に隠蔽《いんぺい》しています。この文章を読む子供たちは、共産主義を間違った主義と見做しません。「資本家、利益の拡大、労働者の賃金抑制」という書出しで、まず資本主義を悪者にし、次いで「私有財産を制限、個人の必要に応じて分配、理想社会の建設」と共産主義の理想を賛美し、さらに「社会主義は共産主義実現の第一段階」と逃げを打ち、子供たちに共産主義は未完の素晴らしい主義であると刷《す》り込もうとしています。

また、共産主義理想そのものが実現不能のものであったことを教えていません。「私有財産を制限して競争をなくす」は耳触《みみざわ》りのよい言葉ですが、一人ひとり異なる欲求を持っている人間の社会では実現不能です。「私有財産を制限して競争をなくす」も何の競争でしょうか、その説明がありません。共産主義は競争をなくしたからこそ、人の創造性を押し潰《つぶ》し、社会は行き詰まり、国家が崩壊しました。「競争」は必ずしも悪ではありません。

また、「個人の必要に応じて分配する」と書いています。これも実現不能です。国家が個人の必要を管理することなど不可能です。革命後何十年経っても、毎日の生活に欠かせないパンですら、行列して順番を待たねば買えませんでした。そんな共産主義国家ソ連は百年を出でずして、破綻《はたん》しました。共産主義は初めから頭の中で拵《こしら》えた夢物語、砂上よりも悪い架空《かくう》の楼閣《ろうかく》でした。この楼閣に閉じ込められた人々こそ哀れにも辛酸《しんさん》を嘗《な》め尽《つ》くさせられました。東京書籍は共産主義の根本的欠陥を教えていません。

(5) 共産主義国家ソ連が崩壊した原因を教えない

二百六十六頁、小見出し「冷戦の終結」で、ソ連の崩壊を次のように書いています。

> 【冷戦の終結】
> すでに経済が停滞《ていたい》し始めていたソ連は、軍事費の負担などで国力がさらに低下しました。そこで、1985年に成立したゴルバチョフ政権は、……共産党の独裁体制や計画経済の見直しを進めました。しかし、国内の政治と経済の立て直しは成功しませんでした。

東京書籍は、子供たちの目を晦《くら》ますために、事柄の因果関係を書きません。「すでに経済が停滞し始めていたソ連は」と書くだけで、なぜ経済が停滞したのかその原因を書きません。また、「共産党の独裁体制や計画経済の見直し」をしなければならなくなった原因も書いていません。その原因は根本的欠陥を内在する共産主義思想と、それをごり押した独裁体制にあったはずですが、その点にも言及していません。「ゴルバチョフ政権は国内の政治と経済の立て直しは成功しませんでした」と書いていますが、ゴルバチョフは何を停滞の原因と考え、何をどのように立て直そうと考えたのか、なぜ成功しなかったのか、何も説明がありません。事柄を並べるだけでは歴史教科書とは言えません。共産主義の失敗と崩壊を全部ゴルバチョフの所為《せい》にして、共産主義そのものの欠陥を教えていません。東京書籍は歴史の「何故か」という疑問には全く答えない教科書です。

（６）共産主義の恐怖政治の恐ろしさを教えない

共産主義の恐ろしさを、私は三点挙げます。一つ目は頭で作り上げた共産主義思想を無謬《むびゅう》としたこと、二つ目は魂を持つ人間性を無視したこと、三つ目は著しい侵略性と残虐性です。

○一つ目、ソ連は国家建設の初めから共産主義を絶対正義とし、革命に反対する者は問答無用、犯罪者として碌《ろく》な裁判もなしに、銃殺刑かシベリア流刑に処しました。

○二つ目、隣人でも親子兄弟でも、密告が奨励されました。生まれながらして備わっている家族への愛情よりも、共産主義の理念を優先させました。

○三つ目は、他国や他民族に対する飽《あ》くなき侵略性と情容赦のない残虐性です。先に、ソ連がドイツと共謀してポーランドを分割占領したことを書きました。この時、ソ連はポーランド軍将校一万数千人を虐殺しました。これを「カチンの森の虐殺」と言います。

共産主義国家・中国が人種も言語も文化も歴史も全く異なるチベットを軍事侵略して、指導層のチベット人僧侶を迫害し惨殺《ざんさつ》し、チベットを乗っ取ってしまいました。ウイグルでも百万人とも言われるウイグル人を収容所へ送り込んで、洗脳教育を行っています。人間性を一顧だにしない、残忍な弾圧政策です。内モンゴル自治区のモンゴル人も同様の憂《う》き目に遭わされています。共産主義思想そのものに本質的に内在する大欠陥です。

子供たちに与える歴史教科書は、共産主義思想の欠陥と共産主義国家の人間性を無視した冷酷な政策を必ず書くべきです。それを書かない東京書籍は共産主義を擁護する教科書です。文科省の教科書関係者も共産主義擁護者ではないかと疑いたくなります。雑誌『アサヒ芸能』が、北朝鮮の工作員が令和元年度に行われた中学校歴史教科書を検定する調査官主任に就任していたと報じました。宣《むべ》なるかな、東京書籍の執筆者の中にも工作員がいると信じてはいけないでしょうか。

(7)「天皇制」は共産党用語、天皇と国民の間に通い合う温かい心情を表現していない

世間で「天皇制」という用語が通用しています。自民党の代議士も拘《こだわ》りもなく使いますが、日本国民はこの用語を使うべきではありません。「天皇制」は、一九三二年コミンテルンが「日本における情勢と日本共産党の任務に課するテーゼ」の中で初めて使った共産党用語です。コミンテルンは共産主義インターナショナル＝国際共産党、テーゼは主張です。

昭和七年、日本共産党はコミンテルンの命令で日本支部として設立されました。彼らはソ連の手先となって、ソ連が命じるままに「天皇制打倒」を叫んで実践しました。日本共産党の本質は今も変わらず、「天皇制打倒」です。

「天皇制」は制度や権力を連想させる政治用語です。我が国の天皇と国民との間は、互いに信頼を

寄せ合う紐帯《ちゅうたい》で結ばれています。「天皇制」という政治用語は、この天皇と国民との間に通い合う温かい心情を表現していません。

【まとめ】

共産主義革命は、十八世紀のフランス革命に続き、人が頭の中で作り上げた理念によって、人類が蒙った二番目の大惨劇です。社会秩序を根底から引っ繰り返し、無数の人々が命と家族と名誉と財産など大切なものを失いました。この共産主義思想に本質的に内在する間違った理念や人間性に相反する残虐な性格を、東京書籍は何も教えようとしません。共産主義革命の発生、経過、崩壊の生起《せいき》を羅《ら》列《れつ》するだけで、なぜ共産主義が行き詰まり、遂に崩壊の道を辿《たど》らざるを得なかったのか、その原因を全く教えていません。歴史教科書と銘打《めいう》つならば、子供たちが理解できるように、共産主義の本質的欠陥を指摘すべきです。東京書籍は資本主義の矛盾を指摘しますが、共産主義の矛盾を書きません。東京書籍は共産主義を持ち上げ擁護する教科書です。

《参考資料一》独ソ不可侵条約の付属秘密議定書（『独ソ開戦 盟約から破約へ』ヴェルナー・マーザー著 学研）以下要約抜萃《ばっすい》します。ドイツとソ連は不可侵条約を締結した際、両国は次の秘密議定書を取り交しました。

一、バルト海諸国は、リトアニア東端を国境にして東側をソ連、西側をドイツのものとする。

二、ポーランドをナレフ・ヴァイクセル・サンの各河川を境に、独ソで分割する。
三、南東ヨーロッパは、ベッサラビアをソビエトの勢力範囲とする。
四、本議定書は双方の側で厳重に秘密扱いする。
モスクワ　一九三九年八月二十三日

＊1:『イーデン回顧録 Ⅲ 独裁者との出あい』イーデン著、みすず書房
＊2:『裏切られた自由 上』ハーバート・フーバー著、草思社

満洲事変の原因が中国にあったことを教えず、リットン調査団報告を曲説

満洲事変、リットン調査団、国際連盟脱退の経緯は次の通りです。
○日本人は条約による保証下、満洲で通常の商売や事業を営んでいた。
○その日本人に対して、満洲の軍閥張学良《ちょうがくりょう》と中国国民党の蔣介石が組織的に反日侮日《ぶにち》運動を使嗾《しそう》し、不法な苛《いじ》め・ボイコットを行った。日本は幣原喜重郎《しではらきじゅうろう》外相が主導する宥和《ゆうわ》外交に固執《こしゅう》し、中国に対して有効な手を打たなかった。そのため、日本人は事業を畳《たた》んで日本へ逃げ帰らなくてはならない情況に追い込まれた。
○鉄道守備のために条約を結んで満洲に駐留していた日本軍は、その窮状《きゅうじょう》を黙視《もくし》できなかったので、

石原莞爾《かんじ》中佐が作戦を立て軍事力を行使し、張学良を満洲から駆逐《くちく》した。これが満洲事変。

○国際連盟は中国の提訴を受けて、リットン調査団を満洲に派遣した。調査団は満洲の歴史的に複雑な事情と中国国民党が指導する不法行為（ボイコット）があったことを認定した。

○国際連盟は調査団の報告に基づき、日本と中国に対して、次の勧告を決議した。

・日本は満洲鉄道附属地へ軍隊を撤退《てったい》させること（満洲からの撤退ではない）

・日本が建国した満洲国は認めないが、満洲の複雑な事情に鑑《かんが》み、協議して双方が満足する解決策として一つの統治機関を作ること

○日本は、満洲は元々満洲人のものであって中国側の関与を認めない、また、中国が約束を守ると信用できなかった。そのため、国際連盟を脱退した。

東京書籍は中国側に立ち、日本側の主張を全く書きません。片手落ちの教科書です。東京書籍の記述は二百二十八頁、小見出しは「満洲事変と日本の国際的な孤立」です。

【満州事変と日本の国際的な孤立】

中国で日本が持つ権益を取りもどそうとする動きがさらに強まると、関東軍は1931（昭和《しょうわ》6）年9月18日に奉天郊外《ほうてんこうがい》の柳条湖《りゅうじょうこ》《リウティアオフー》で南満州《みなみまんしゅう》鉄道の線路を爆破《ばくは》し（柳条湖事件）、これを中国側の仕《し》業《わざ》として軍事行動を始めました（**満州《まんしゅう》事変**）。日本政府は戦線を拡大させない方針を表明しましたが、

関東軍は満州の主要地域を占領《せんりょう》し、1932年3月、清《しん》の最後の皇帝《こうてい》であった溥儀《ふぎ》《プイ》を元首とする**満州国**《まんしゅう》の建国を宣言しました。日本が実質的に支配した満州国には、日本からの移民が進められました。

中国は、国際連盟に対して、日本の軍事行動を侵略《しんりゃく》であると訴《うった》えました。国際連盟は、1933年に開かれた総会で、イギリスのリットンを団長とする調査団の報告に基《もと》づき、満州国を認めず、日本軍の占領地からの撤兵《てっぺい》を求める勧告《かんこく》を採択《さいたく》しました。これに反発した日本は、国際連盟を脱《だっ》退《たい》しました。

（注）満州国の「州」は誤使用で、「洲」が正しい。中国を征服して清国を作った後金国《こうきんこく》のハン・ホンタイジは、種族名を「マンジュ（満洲）」と改めたことが国名の起源。「満州」と書くと「国家」でなく、「満人の地」という意味になる。[*1]

(1) 日本人は満洲で条約に基づく正当な権利と保障の下で暮らしていた

東京書籍は、「中国で日本が持つ権益を取りもどそう」と書いて、日本は満洲で何か甘い汁を吸う特別な権益を持っていたかのような書き方です。権益ではありません。国家間の正式の条約に基づく正当な権利です。大正四年（一九一五年）五月、日本は支那共和国（清国の後継国の正式名称、大総統袁世《えんせい》凱《がい》）と「南満洲及東部内蒙古《うちもうこ》に関する条約」を締結しました。その条約に基づいて、十五年以上も日本国民は南満洲で商工業用の構築物を建てたり、南満洲を自由に居住往来して各種の商工業などに従事してきました。何ら特別の権益などではありません。普通に商工業を営む権利です。それを日本から取りもどすべき「権益」というべきでしょうか。西洋各国も同様の条約を結んで中国各地で商工業を営んでいました。

（2）満洲で平穏に暮らしていた日本人が中国による嫌がらせによって追出された

満洲で多くの日本人が平穏に生業《なりわい》を営んでいました。経営する商店や工場が、満洲の軍閥張学良と中国国民党の蔣介石が使嗾《しそう》する人たちによって、組織的に悪質で暴力的な妨碍《ぼうがい》を受けました。商店や工場が襲われ、器物を壊され、火を点《つ》けられたりして、商売や事業を畳《たた》んで日本へ引き上げざるを得ない有様に追い込まれました。日本が尖閣諸島を国有化した時も、中国政府は暴徒を使って裏で糸を引き、在中国日本大使館や領事館、日本人学校、日本人経営の店や工場を襲撃させました。いつも変わらない中国の嫌がらせの常套《じょうとう》手段です。

満洲事変の時、在留日本人はこの時よりももっと酷い目に遭わされました。満洲事変時、参謀本部作戦部長だった今村均《ひとし》は当時を回想して、「また満人にぶたれた」「つばきを吐《は》きかけられた」「子供が学校に行く途中石をぶつけられた」「満人は野菜を売ってくれなくなった」など、同胞の苦境に同情し、憤慨に血を沸《わ》きたたせるようになったのは自然であると書いています。*2

日本は幣原外相の宥和《ゆうわ》外交で、このような事態に対して無為無策でした。そこで、満洲に駐留していた鉄道守備兵凡《およ》そ一万人の関東軍は、満洲在留邦人や本国の日本人の強い支持を背景に満洲事変を起こし、張学良を満洲から駆逐しました。

（3）満洲へは日本人よりも漢人（中国人）が安心と安全を求めて多数移住した

東京書籍は「日本が実質的に支配した満州国には、日本からの移民が進められました」と、日本人だけが進出していったと読み取らせていますが、実際は圧倒的に多数の中国人が移住して来ました。元々満洲は中国を植民地支配した清国の故地ですから、中国人の満洲への移住を厳重に取り締まっていました。その後、満洲に農業労働者として中国人を入植させてから次第に中国人が増加し、リットン調査団は、この時点満洲全人口三千万人の内、満洲人と中国人が二千八百万人、朝鮮人八十万人、日本人は二十三万人がいたと報告しています。その満洲人と中国人の内訳は、満洲事変当時は八十二％が中国でした。[*3] 中国人が人口の大多数を占めていました。満洲事変以後も日本の安全で安定した統治下の満洲へ、中国人は続々と移住して来ました。[*4] 日本は、日本人・満洲人・蒙古人・中国人・朝鮮人の五民族による「五族協和」の理想を掲げ、法律に基づく民族間に平等な治政を敷きました。もし、日本が中国人たちに対して圧政を行っていたとしたら、中国人は移住して来ません。

（4）リットン調査団は中国による組織的かつ暴力的ボイコットの事実を知っていた

満洲事変を調査したリットン報告書は、その第七章「日本の経済的利益とシナのボイコット」で、「満洲事変の六年前から満洲におけるボイコット組織に決定的な変化が起った。（中国の）国民党はその創設以来、ボイコット運動を支援してきたが、次第にボイコットを支配するようになり、ついに今日においてはボイコットを組織し調整し監督するようになった。国民党は全ボイコット運動の背後にいる支配的・調整的機関である」と報告しています。*5 リットン調査団は国民党がボイコット運動を主導した事実を把握していました。ボイコットを嗾《けしか》けて他国に嫌がらせをする手口は、昔も今も変わらない中国人の悪習《あくしゅう》です。東京書籍は七分三分の七分、日本の言い分を全く書かないで、非は一方的に日本側にあると決めつけています。

（5）リットン報告書を勝手読みして、鉄道守備兵・日本軍の満洲駐留を不法行為と教える

東京書籍の記述「国際連盟は……調査団の報告に基づき、満州国を認めず、日本軍の占領地からの撤兵を求める勧告を採択しました」は不正確かつ意図的で、日本をことさらに侵略国家に摩《す》り替える巧妙な言い回しです。『リットン報告書』に基づいて、東京書籍に反論します。

○リットン報告書は、日本軍は満洲鉄道附属地注へ引き揚げよという勧告であって、満洲からの撤兵を要求していません。東京書籍の書き方は事実を誤認させます。

○リットン報告書は満洲国建国を認めてはいませんが、満洲の歴史的に複雑な事情を考慮して、満洲国を全くなくせとは言っていません。日本と中国が協議して、双方が満足できる一つの統治機関を設置することを求めています。

○さらに、リットン報告書は、中国は日本と友好して、満洲を発展させよと勧告しています。日本を否定していません。

以上の通り、リットン報告書は日本と中国とが協議し双方が満足する解決を求めています。東京書籍の記述は詭弁《きべん》です。

中国側はリットン報告書をどう評価していたのでしょうか。蔣介石の国民党も、リットン報告書が日本の満洲からの撤退を要求していないことを知って失望しました[*6]。イギリス人のリットンは満洲の歴史的、人種的な複雑な事情を知悉《ちしつ》していたと思われます。日本が単純に満洲から撤退できないことが分かっていました。そのため、「満洲は支那の主権下において、日本の特殊なる権利及利益を考慮し、且《かつ》支那（中国）の行政的保全と両立する一の機関を相当の期間内に満洲において設立」を勧告しています。平たく言えば、満洲は中国の主権下において、日本の権利や利益も確保できる統治機関を作れという勧告です。

東京書籍は「中国は日本の軍事行動を侵略と訴え」「国際連盟はリットン調査団の報告に基づき」「満洲国不承認」「日本軍の占領地からの撤兵」と書き綴《つづ》り、あたかも国際連盟は中国の訴えを全部認め、中国の要求を正当の如く書き綴っています。中国もリットン調査団報告に失望したように、国際連盟は中国の訴えを正しいなどと承認していません。東京書籍はリットン調査団報告書や国際連盟採択を曲説して、日本を全否定しています。東京書籍は歴史を歪曲して子供たちに教えています。

日本が国際連盟を脱退した理由は、元々満洲は歴史的に中国の一部ではないこと、日本軍が鉄道附属地へ撤退してしまったら、満洲の治安を中国に委《ゆだ》ねることになり、邦人の安全、商工業従事の保障がなくなるからです。日本政府は国際連盟の決議に反発して連盟を脱退しました。

（注）明治三十八年に締結した「日清満洲に関する条約」で、鉄道路線を保護するために守備兵を鉄道線路一キロメートル当たり十五人を超《こ》えない範囲で鉄道附属地内に置くことができると定めました。清国は、匪賊《ひぞく》や馬賊《ばぞく》が横行する満洲の治安を維持する能力を持ちませんでした。そこで条約を結んで守備兵を鉄道附属地に置いて、日本が清国に代わって鉄道を守備しました。鉄道は一万一千キロメートルありましたので、兵数は最大一万六千五百人ですが、実際は一万人位しかいませんでした。

【まとめ】

一国の行動を説明する時、その時に国が置かれた国際環境の中で考察しなければ、本当のことを理解できません。満洲事変は世界の主要国がブロック経済圏、すなわち列強が自国の植民地を含めて排他的経済圏を作って、他国を排除していった時代に起こった事件です。日本は日英同盟を解消され、イギリスのブロック経済圏への輸出が困難になっていました。そんな情況におかれた日本は小さいながらも、自国の経済圏を作り生存を図っていかなければなりませんでした。満洲はその経済圏に欠かせない要地でした。中国人に苛められて満洲から追い出されれば、国の経済が立ち行かなくなります。

満洲は日本が生存するための大切な経済圏でした。

満洲の軍閥政権の張学良や国民党の蒋介石が日本人苛めを行って、満洲追出しを画策《かくさく》していました。先に紹介した今村均の述懐《じゅっかい》を読めば、そこにいた軍人の心情として、苛め抜かれ泣き寝入りする日本人を見て見ぬ振りなど到底できなかったと思います。国民も満洲事変を決行した現地軍を支持しました。

リットン調査団報告にあるように、非は中国側にあります。日本は世界に向かって中国側の非を明らかにし、中国側が妥協しなった場合に、恐らく中国側は譲歩しないでしょうが、その上で現地軍任せでなく、国際社会に声明を発し国家主権の発動として軍事力を行使すればよかったと愚考します。日本軍の満洲鉄道守備は、中国が治安を保《たも》てなかったために、条約を結んで日本軍が治安維持を代行した合法的処置です。東京書籍の書き方では、日本軍が不法に満洲を軍事占領していたと誤解させます。東京書籍は事実関係を正確に記して、子供たちが無用な罪悪感を懐かないようにすべきです。

東京書籍はリットン調査団報告を歪曲流用して、巧みに日本悪玉・侵略国家像を捏造《ねつぞう》しています。満洲の複雑な歴史的事情や日本人が被った辛酸《しんさん》や日本の主張を全く取り上げていません。子供たちが日本を侵略国家と誤解しないように、歴史の事実をきちんと教えるべきです。
＊1：『世界史のなかの満洲帝国』宮脇淳子著、PHP新書
＊2：『幣原喜重郎とその時代』岡崎久彦著、PHP
＊3：『満洲建国 満洲事変正史』山口重次著、行政通信社

＊4：『世界史の中の満洲帝国と日本』宮脇淳子著、WAC
『満洲國史　各論』満洲国史編纂刊行会編、満蒙同胞援護会
＊5：『リットン報告書』渡部昇一解説・編、ビジネス社
＊6：『蒋介石』董顕光著、日本外政学会

事実無根の「南京虐殺」を本当にあったこととして教える

「南京虐殺」は識者《しきしゃ》の間では、事実無根であることがすでに決着済みです。先年、河村たかし名古屋市長の「南京虐殺事件はなかった」発言にマスコミが騒いだことがありました。名古屋市会議員の藤沢忠将《ただまさ》氏が南京市に対して「南京虐殺」が本当にあったのかなかったのか、事実を解明するために討論を申し入れましたが、南京市側は逃げまくって応じませんでした。また、阿含宗の大先達《だいせんだつ》東海本部長奥村敏雄氏は少尉補として、南京攻略戦を実際に戦った元軍人です。その奥村氏から、「南京虐殺、そんなもんはありゃせん」と私は直接伺っています。

東京書籍のこの事件に関する記述は、二百三十頁です。欄外の注記と合わせて掲げます。

> 日本軍は、1937年末に首都の南京《ナンキン》を占領《せんりょう》し、その過程で、女性や子どもなど一般《いっぱん》の人々や捕虜《ほりょ》をふくむ多数の中国人を殺害しました（南京事件）。

欄外の注記：この事件は「南京大虐殺《ぎゃくさつ》」とも呼ばれます。被害者《ひがいしゃ》の数については、さまざまな調査や研究が行われていますが、いまだに確定していません。

（1）「南京虐殺事件」は中国の宣伝工作によるでっち上げ事件

「南京事件」研究家の東中野修道《ひがしなかのしゅうどう》氏の長年に亘る緻密《ちみつ》な調査研究で、蔣介石国民党が国際輿論《よろん》を味方に付けるために捏造《ねつぞう》した事件であったことが明らかになっています。東中野氏は、国際法に反して不法に殺した民間人は限りなくゼロに近いと仰《おっしゃ》っています。東京書籍は「（日本軍が）捕虜を殺害した」と書いていますが間違いです。占領後に摘発逮捕した便衣兵《べんいへい》（一般人の服装を着た兵士）を銃殺しましたが、便衣兵即ちゲリラは国際法違反ですから、裁判なしに銃殺しても何ら不法ではありません。その銃殺を目撃していた多数の白人記者は何一つ抗議していません。

南京大虐殺紀念館に展示されている写真は全て作り物、偽物《にせもの》です。東中野氏が一つ一つ吟味《ぎんみ》し、やらせ写真、合成写真、流用写真など全部偽物であることを証明しています。そもそも日本軍は南京で虐殺などしていませんから、本物の写真がこの世に存在する訳がありません。

東中野氏は、台湾の国民党党史館で「極機密」の印が押された『中央宣伝部国際宣伝処工作概要』を見付けました。その宣伝工作の中心人物の一人は、国民党の中央宣伝部国際宣伝処処長の曾虚白《そうきょはく》教授で、白人を雇《やと》って虚構の「南京虐殺」を世界に広める宣伝工作に携わっていた事実を突き止めました。[*1] 戦闘では日本には敵《かな》わないので、国民党は「宣伝は作戦に優先す」と宣伝工作に力を入れ、世界中を騙しました。まんまと日本はしてやられてしまいました。東中野氏の研究成果は展転社や草思社から多数の本が出版されていますから、詳しく知りたい方はそれをお読み下さい。

当時の朝日新聞に、従軍記者が南京占領直後に撮影した写真がたくさん掲載されました。その写真には、市場で日本兵と中国人が和《なご》やかに談笑している様子が映っています。もし大虐殺があったとしたら、こんな写真が撮《と》れる筈がありません。また、当時も中国は各国の記者を集めて毎日記者会見を開いていました。東中野氏は、この頃半年間の記者会見の記録を精査し、「南京虐殺」に言及する会見は一度もなかったことを突止めています。もし、「虐殺があった」と記者会見で喋《しゃべ》ったりすれば、立所《たちどころ》に嘘がばれてしまいますから、当時の記者会見では一言もありませんでした。

(2) 日本人二百数十人が惨殺《ざんさつ》された通州事件を書かないで、捏造された「南京事件」を書く

東京書籍は、日本人が本当に殺された第一次南京事件や二百数十人の邦人《ほうじん》が惨殺された通州事件を書かないで、この世に存在しない架空《かくう》の南京大虐殺を教科書に載せています。

日本軍が南京を占領する約半年前、昭和十二年七月二十九日、通州という町で、女子供を含む日本人二百数十名が中国人に惨殺された事件がありました。文字にすることが憚《はばか》られる残忍さで嬲《なぶ》り苛《さいな》まれ、女は強姦《ごうかん》された後に殺されました。*2 これは本当にあった事件で、当時、新聞でも報道され、日本人の憤激を買いました。「暴支膺懲《ぼうしようちょう》」という言葉が新聞の紙面に躍《おど》りました。本当にあったこの事件には東京書籍は無言です。

【まとめ】

東京書籍は、「被害者の数については、さまざまな調査や研究が行われていますが、いまだに確定していません」といかにももっともらしい言辞《げんじ》を弄《ろう》して、「南京事件」が本当にあったこととして子供たちに信じ込ませています。「南京大虐殺」は、誠実で律儀《りちぎ》な道徳観念を持つ日本人を精神的に圧迫するための中国の格好の材料です。

自由社の中学校歴史教科書は、令和元年度に検定を申請した教科書の中で、唯一「南京虐殺」を書かなかった教科書です。自由社の教科書が検定不合格になったため、この年に検定に合格した全教科書に「南京虐殺」が載ることになりました。これは、虐殺行為を事実として国家が認めてしまうことを意味します。もし、自由社の教科書が検定に合格していたとしたら、「南京虐殺」の有無について問われた時、「事実無根」と言うことができます。「南京虐殺」を書かない自由社歴史教科書の存在は国家として極めて重要です。したがって、南京虐殺を載せない自由社の教科書は中国にとっては大変都合の悪い教科書です。私は、教科書製作会社やその執筆者たち、さらに文科省の教科書関係者の中にも、中国から工作の手が入り込んでいるのではないかと疑っています。

（注）自由社の中学校歴史教科書は文科省に再申請して、令和三年度の検定に合格しました。

＊１：『南京事件 国民党極秘文書から読み解く』東中野修道著、草思社
＊２：『通州事件 目撃者の証言』藤岡信勝編著、自由社

大東亜《だいとうあ》戦争の原因を日本だけに押し付けている

大東亜戦争は我が民族が蒙った最大の悲劇です。決して繰り返してはなりません。もし大東亜戦争なかりせば、日本は古きよき昔をたくさん残している国であり続けたと、残念でなりません。

東京書籍は徹頭徹尾日本悪玉論で通しています。中国大陸に武力進出していた日本は次にアジア侵略を企《くわだ》てた。それをアメリカに咎《とが》められたけれども、日本は構わず戦争を始めたという筋立《すじだ》てで、戦争責任が全部日本にあると教えています。戦後半世紀が経ち、秘密にされていたソ連やアメリカの外交文書などが公開され、大東亜戦争に至るまでのアメリカやソ連が仕掛けた謀略《ぼうりゃく》が明らかになって来ました。日本は米ソの謀略にまんまと嵌《は》められました。東京書籍はこれらの最近の研究成果を一顧《いっこ》だにせず、相変わらず日本悪玉論で通しています。

東京書籍の大東亜戦争開戦の記述は二百三十四頁です。

【日米交渉の決裂】

日本が南進を行う中で、日米関係は悪化していきました。近衛内閣は、アメリカとの戦争をさけるために１９４１年４月から日米交渉《こうしょう》を行いましたが、軍部の要求などもあって、侵略《しんりゃく》的な行動を止めませんでした。

フランス領インドシナの南部へ軍を進めた日本に対して、アメリカは石油などの輸出禁止にふみ切り、イギリスやオランダも同調しました。戦争に不可欠な石油を断たれた日本では、このように日本を経済的に封鎖《ふうさ》する「ＡＢＣＤ包囲陣《じん》」を打ち破るには早期に開戦するしかないという主張が高まりました。

日米交渉の席でアメリカが、中国とフランス領インドシナからの全面撤兵《てっぺい》などを要求すると、近衛内閣の次に成立した**東条英機《とうじょうひでき》**内閣と軍部は、アメリカとの戦争を最終的に決定しました。

【太平洋戦争の始まり】

１９４１年12月8日、日本軍は、アメリカの海軍基地があるハワイの真珠湾《しんじゅわん》を奇襲攻撃《きしゅうこうげき》するとともに、イギリス領のマレー半島に上陸し、**太平洋戦争**が始まりました。

（1）大東亜戦争（太平洋戦争）の大義を教えない

一つの戦争に、なぜ大東亜戦争と太平洋戦争という二つの名称があるのでしょうか。東京書籍は図の説明文の中で、「大東亜共栄圏の建設をするという目的から大東亜戦争と呼びました」と書いています。しかしながら、「大東亜戦争」は内閣が決めた正式名称であること、そう名付けた意義、そして「大東亜戦争」が「太平洋戦争」に変わった経緯《いきさつ》を書いていません。子供たちは、一つの戦争になぜ二つの名前があるのか理解できません。

アメリカの新聞ニューヨークタイムズなどジャーナリストは戦争中、日本の呼称である「大東亜戦争」を直訳し「Greater East-Asian War」と呼んでいました。*1 そのアメリカが大東亜戦争の名称をなぜ禁止したのでしょうか。

昭和十六年十二月十二日、開戦四日目に「大東亜戦争」と名付けた閣議決定は次の通りです。

　今次の対米英戦争及今後情勢の推移に伴ひ生起することあるべき戦争は支那事変をも含め大東亜戦争と呼称す

昭和十二年七月七日の盧溝橋《ろこうきょう》事件注に続く上海事変を発端にして起こった支那事変《しなじへん》を含めて、大東亜戦争と称することを正式決定しました。同日、内閣情報局は次の様に発表しました。

　大東亜戦争と称するは、大東亜新秩序建設を目的とする戦争なることを意味するものにして、戦争地域を大東亜のみに限定する意味にあらず

日本政府は大東亜戦争の目的を「大東亜新秩序建設」と宣言しました。「新秩序」とはどういうことを意味するのでしょうか。戦前、アジアはタイ国を除いて、皆、米英仏蘭の白人国家の植民地でした。宗主国の白人たちは植民地を排他的な経済圏で囲い込み、アジア人同士の自由な交流や貿易を許しませんでした。今の自由な世界しか知らない子供たちにとっては、何とも奇異《きい》な光景です。日本も白人

たちの経済圏から疎外《そがい》され、輸出製品に不当に高い関税を掛けられていました。「大東亜新秩序建設」は、白人植民地支配の不自由な貿易秩序を、アジア人が独立を果《は》たし、自由に交流し貿易できる新秩序を作ろうという主旨です。これが、日本の自存自衛と共に、大東亜戦争の大いなる戦争目的です。東京書籍は「大東亜共栄圏を建設する」と書いて、何か日本による独占的な囲い込みを連想させる書き方です。この教科書で「日本侵略国家論」を詰め込まれて来た子供たちが、またしても日本が自分勝手な侵略による囲い込みを狙《ねら》ったと誤解するでしょう。

アメリカは大東亜戦争という呼称に込められた意味を理解し、そして恐れました。日本を占領するとただちに、「太平洋戦争」という名称を日本に押し付けました。太平洋戦争という呼称では、大東亜新秩序建設、すなわちアジア人の白人植民地支配からの解放と自由な交流という、日本の戦争目的が見えなくなってしまいます。このことを、大東亜戦争で散った二百四十万の御英霊の名誉のために申し上げておきます。大東亜戦争を侵略戦争という人は御英霊に対して不敬《ふけい》です。アジアに迷惑を掛けたと主張する人も、物事の一面だけしか見ることができない明盲《あきめくら》です。

(注) 盧溝橋事件は、中国共産党幹部の劉少奇《りゅうしょうき》が学生を使って、国民党軍と演習中の日本軍の双方へ鉄砲を撃ち掛けて、両軍の間に武力衝突を引き起こした謀略事件です。

(2) 日本を最終的に戦争へ追い詰めたハル・ノートを教えない

東京書籍は、日本がアメリカの経済封鎖によって追い詰められた末に、対米戦を最終的に決意させた「ハル・ノート」に全く言及していません。東京書籍は、日本が対米戦を決めた経緯を、小見出し「日米交渉の決裂」の項で、次のように書いています。再掲します。

【日米交渉の決裂】
日本が南進を行う中で、日米関係は悪化していきました。近衛内閣は、アメリカとの戦争をさけるために1941年4月から日米交渉《こうしょう》を行いましたが、軍部の要求などもあって、侵略的な行動を止めませんでした。
フランス領インドシナの南部へ軍を進めた日本に対して、アメリカは石油などの輸出禁止にふみ切り、イギリスやオランダも同調しました。

これを読むと、軍人が幅《はば》を利《き》かす我儘《わがまま》勝手な「侵略国家」日本が、アメリカに窘《たしな》められる様子が目に浮かびます。子供たちの目にもそのように映《うつ》るでしょう。東京書籍の欺瞞《ぎまん》記述です。

日本軍の南部仏印《ふついん》（フランス領インドシナの南部、今のベトナム南部）進駐の目的は、オランダの植民地であったインドネシアで産する石油を購入するために、何度商議しても一向に応じないオランダに圧力を懸《か》けるためでした。石油の一滴は血の一滴と言われ、石油は最重要の戦略物資でした。石油輸入先の第一候補は蘭印《らんいん》（当時オランダの植民地、今のインドネシア）でした。日本は昭和十五年九月から翌十六年六月まで、延々《えんえん》十ヶ月に亘って、オランダに石油売却交渉を行いましたが、オランダは米英と口裏《くちうら》を合わせて交渉を遷延《せんえん》させ、到頭最後まで一滴も売ろうとはしませんでした[*2]。東京書籍は、オランダは「米国の輸出禁止に同調して」と書いていますが、実際はアメリカがオランダに命じて売らせなかったのです。その理由は後で述べます。

こうして、石油を入手できないことが、大東亜戦争を最終的に決意する原因になりました。石油を燃料とする軍艦や軍用機を運用できなくなることは、国家滅亡を意味しました。南部仏印進駐は日本側にとって、死活的に重要な石油確保のためでした。東京書籍はこれらの経緯をすっ飛ばして、「フランス領インドシナの南部へ軍を進めた日本」とだけ書き、国家滅亡の瀬戸際に追い詰められた苦しい立場を説明していません。もし、自分がこのような苦しい立場に追い込まれたなら、どういう行動を採ればよいのか、子供たちに考えさせることが歴史教育の目的の一つです。東京書籍のように、日本をただ侵略者と決め付ける教科書は不適格です。中学生には少し難しいことを求め過ぎとお思いになる方もいらっしゃるでしょう。そこで、シンガポールの中学生の歴史教科書を紹介します。大東亜戦争開戦時の日本の項目がこんな質問で始まります[*3]。

1941年、あなたは日本の首相です。日本と米国の関係は緊迫《きんぱく》し、米国は日本に石油などを売るのをやめました。日本はそれがなければ、国家が立ちゆかない。首相であるあなたは、米軍基地を攻撃するよう命令しますか?

と、中学生の生徒に向かって「あなたならどうしますか」と問い掛け、自分の頭で考えて答を出すことを求めています。東京書籍よりもずっと程度が高い教科書です。東京書籍は物事の因果関係を書かないで事柄を羅列するだけで、シンガポールの教科書より程度が低い教科書です。

東京書籍は、考えさせる材料提供の心算《つもり》で、二百三十五頁に日米の国力差として、両国の人口、一人あたり国民総生産、商船保有量、石油産出量の比較図を載せています。東京書籍はこの比較図を子供たちに見せて、「日本は無謀《むぼう》な戦争を始めた」と結論付けさせることを以て、「考えさせること」としていると推測します。全く考えさせることになっていません。こんな国力差があるにも拘わらず、なぜ日本は戦争に踏み込んで行ったのかを自分なりに考えさせることが、考えさせることです。シンガポールの教科書は子供たちに考えさせています。すぐに答えを見い出せなくても、子供たちの頭の中に疑問符を付けて残しておくことは、考える習慣を身に着けさせます。

次に、東京書籍は戦争の始まりをどのように、叙述しているでしょうか。その箇所を再掲します。

> 日米交渉の席でアメリカが、中国とフランス領インドシナからの全面撤兵《てっぺい》などを要求すると、近衛内閣の次に成立した**東条英機**《とうじょうひでき》内閣と軍部は、アメリカとの戦争を最終的に決定しました。

東京書籍は「東条英機内閣と軍部は」と書き、日本を政府と軍部が結託《けったく》した侵略国家と位置付け、アメリカの日本に対する、中国とインドシナからの撤退要求を、道理に適《かな》った正しい要求のように子供たちに教えています。「日米交渉の席で」とわざわざ前置きして、アメリカが礼儀正しく振舞う平和主義の紳士の如く取り繕《つくろ》っています。実際の日米交渉の有様は、こんな生易《なまやさ》しいものではありませんでした。交渉の当事者であった野村大使は「アメリカは原則に膠着《こうちゃく》し、一歩も譲らない、give and take は少しもなかった」と証言しています。[*4] 日本が日本からの提案について回答を求めると、ハル国務長官はそっけなく撥《は》ねつけ、暫定協定はもはや議題にならないと言い、ハルノートを突き付けました。[*5] 東京書籍の「交渉の席で」という表現はアメリカの冷酷な交渉態度を覆《おお》い隠しています。アメリカは戦争を望んだからこそ、日本側の真剣な交渉に目も呉《く》れないで撥ねつけました。ハルはハルノートを手交するに先立ってルーズベルト大統領と一時間最後の打合せを行っていました。[*6] ハル・ノートはルーズベルトの同意を得ていました。もし、ルーズベルトが本当に平和を望んでいたならば、日本へほんの少しでも石油を売りさえすれば戦争を回避できました。

日本は、最後の最後まで戦争を欲せず、和平を切望していました。日本の指導者はアメリカと戦争して勝てるとは、誰も思ってもいませんでした。当時の記録を読むと、日本の指導者の真摯《しんし》な戦争回避努力に虚《むな》しさと悲しみを覚えます。ルーズベルト大統領はチャーチルに、米国が戦争準備を整えるまで、「三ヵ月はやつら（日本）を子供のようにあやしてやっていけると思う」と言っています。[*7] ルーズベルトは本気で日本に戦争を仕掛けていたのです。

昭和天皇は御前会議で、明治天皇の御製《ぎょせい》「四方《よも》の海みなはらから《同胞》と思ふ世になど波風の騒ぐらむ」を読み上げ、東条首相に戦争でなく和平せよとの御心を披瀝《ひれき》なさいました。日本は大日本帝国憲法に基づく立憲君主国家ですから、天皇と雖《いえど》も正式の手続きを経て就任した首相に命令できません。また、内閣が正規の手順を経た決定を却下《きゃっか》できませんでした。天皇尊崇《そんすう》の念の殊《こと》に篤《あつ》い東条首相は昭和天皇の御意を察し、戦争を避けるために和平に邁進《まいしん》します。これを「白紙還元《はくしかんげん》の御諚《ごじょう》」と言います。東京書籍が大日本帝国憲法の所で「戦争の開始・終了が天皇の権限として明記」と説明していますが間違いです。

東条首相は何としても戦争を回避しようと交渉妥結に向けて懸命に努力しました。米国駐在大使の野村吉三郎を輔佐《ほさ》させるために来栖《くるす》三郎を特命全権大使に任じてアメリカへ交渉の助太刀に派遣し外交交渉を重ねますが、アメリカは半歩も爪の先程も譲ろうとはしませんでした。そして、アメリカは日本へ宣戦布告とも言うべき、ハル・ノートを突き付けました。ハル・ノートは日本軍の中国からの全面撤兵を要求していました。これは、八ヶ月間に亘る日米交渉を脇《わき》に押《お》し遣《や》って、いきなり一方的に米国の最大限の要求だけを突き付けた最後通牒《つうちょう》、実質的宣戦布告でした。*8 東京書籍が「交渉の席で」と書いて、アメリカの条理《じょうり》を尽《つ》くした紳士的な交渉態度を連想させる書き方は、アメリカを善人に持ち上げ、日本を悪い国、侵略国家に貶《おとし》める偽言《ぎげん》です。アメリカこそ戦争を望み、策謀《さくぼう》し、勃発《ぼっぱつ》させた張本人です。この辺の事情は数々の著作が国内外で次々と出版されて明らかになっています。

日本はこのハル・ノートを最後通牒と解し、対米開戦を最終的に決意せざるを得ませんでした。後に東京裁判の判事を務めたインドのパル博士は、このハル・ノートについて、「このような最後通牒を受け取ったら、ルクセンブルグ大公国でさえも、アメリカに対して戈《ほこ》をとって立ち上がったであろう」と述べた程の常軌《じょうき》を逸《いっ》した要求でした。要するに、アメリカは日本と戦争を起したかったのです。なぜ日本と戦争したかったか、それは、日独伊三国同盟を利用してドイツに戦争を仕掛けるためでした。日本は徹頭徹尾戦争する心算《つもり》はありませんでした。アメリカは日本への石油輸出を禁止して、日本を絶対絶命の窮地《きゅうち》に追い詰め、日本が先に手を出すように仕向けました。アメリカが戦争を望まなければ、日本に石油を少しだけでも売ればよかったのです。アメリカこそが、日本を真綿で首を絞めるようにあらゆる手段を盡《つく》して挑発し、日本を戦争に追い詰めた張本人です。だからこそ、オランダに蘭印の石油を一滴も日本に売らせませんでした。

東京書籍の教科書はハル・ノートという歴史的重要文書に全く言及していません。もし書けば、戦争勃発にアメリカに相当の責任があることが子供たちにも分かってしまうからです。

英国首相チャーチルとアメリカ大統領ルーズベルトの間で交わされた一九三九年からの千七百回にも及ぶ通信記録は未《いま》だに開示されていません。*9 開示すれば日本を追い詰めた策謀が白日《はくじつ》の下に明らかになってしまうからです。未来永劫《みらいえいごう》開示されることはないでしょう。

（3）資本主義国家間に同士討ちを嗾《けしか》けるソ連の裏工作を教えない

そのハル・ノートの出所を見ましょう。ルーズベルト大統領お気に入りの財務長官モーゲンソーは、経済財政専門家としてハリー・デクスター・ホワイトという人物を右腕として使っていました。ホワイトはソ連から送り込まれた工作員即ちスパイでした。このホワイトがハル・ノートを書きました。

ハル・ノートはソ連が仕組んだ、日米開戦を仕掛ける謀略文書です。元ＫＧＢ退役中将ヴィタリー・パブロフが一九九六年に出版した『スノー作戦』の中で、「ハリー・ホワイトにちなんで雪（スノー）作戦と命名し、作戦は見事に成功した。この作戦は内務省人民委員部長官のベリアの了承の下に実施した」と書いています。[*10] ＫＧＢはソ連の対外諜報活動に従事する国家保安委員会・秘密警察です。

ソ連の策略は資本主義国家同士を戦わせて国土を荒廃させ、その荒廃の隙《すき》に乗じて、その国を乗っ取りソ連の傀儡《かいらい》国家を作る計画でした。日本もその計画の対象国でした。ソ連の独裁者スターリンは米国に向かって「日本が無条件降伏しても、条件付降伏しても、日本の軍事力を徹底的に破壊することが望ましい」と述べています。[*11] ソ連の計画は、日本とアメリカとの間に戦争を起させて日独伊三国同盟を発効させ、ドイツはアメリカに宣戦布告するという筋書きです。ソ連の計画はものの見事に成功し、世界中を戦争に落し込みました。戦後、その荒廃の跡に東中欧、東アジア、東南アジアにたくさんの共産主義国家を誕生させせました。

アメリカのルーズベルト政権の中には、ハル・ノートを書いたホワイトを始め、共産主義者が多数潜入していました。一九四九年、アメリカの政府職員のうち三千人が共産党員でした。[*12] ルーズベルト大統領自身は共産党員ではありませんでしたが、左翼思想の人物です。ルーズベルト大統領より四代前までの大統領たちは共産主義国家ソ連を胡散臭《うさんくさ》い国と見て国家として承認しませんでした。そのソ連を最初に承認した人物がルーズベルトでした。[*13]

日本もソ連の秘密工作の対象でした。東条首相の前の首相近衛文麿の政策顧問に、尾崎秀実《ほつみ》という共産党員がいました。ソ連から送り込まれた秘密工作員ゾルゲと組んで、日本の政権中枢《ちゅうすう》の情報を入手してはソ連へ通報していました。そして、盛んに暴支膺懲《ぼうしようちょう》の論陣を張って国民を煽《あお》り、中国との戦争・支那事変を際限なく拡大させる輿論操作を行いました。日本を支那事変の泥沼から抜け出せないように仕向け、遂に日本を日米開戦へと突き落とす工作に成功しました。

【まとめ】

東京書籍の歴史教科書は、大東亜戦争という我が民族が蒙った悲劇の根本原因を、日本国家の侵略行為であると決め付けています。子供たちは、自分が生まれた日本は悪い侵略国家、父祖たちは侵略者だったと思い込まされます。国家滅亡への道です。

大戦争というものが起きるには、国内の要因の外に国外の要因もあります。日本を「侵略国家」とばかり責《せ》め、国の外に目を向けさせない東京書籍は、子供たちに罪悪感しか与えない百害ある教科書です。

大東亜戦争は、共産主義国家ソ連の策謀とアメリカ大統領ルーズベルトの目論見《もくろみ》を理解しなければ、開戦理由は説明不能です。

＊1：『和辻哲郎と昭和の悲劇』小堀桂一郎著、ＰＨＰ新書
＊2：『アジア独立への道』田中正明著、展転社

＊3：『産経新聞』平成21年3月9日朝刊
＊4：『米国に使して』野村吉三郎著、岩波書店
＊5：『真珠湾の裏切り』ジェイムズ・ラスブリッジャー、エリック・ネイブ著、文藝春秋社
＊6：『大東亜戦争の発火点 日米交渉の経緯』来栖三郎著、東京日日新聞社・大坂毎日新聞社
＊7：『ルーズベルトの責任 上 日米戦争はなぜ始まったか』チャールズ・A・ビーアド著、藤原書店
＊8：『重光・東郷とその時代』岡崎久彦著、ＰＨＰ
＊9：『ルーズベルトの開戦責任』ハミルトン・フィッシュ著、草思社
＊10：『日米開戦外交と「雪」作戦』須藤眞志著、、文春新書
＊11：『ルーズベルトとホプキンズⅡ』ロバート・シャーウッド著、みすず書房
＊12：『裏切られた自由 上巻』ハーバート・フーバー著、草思社
＊13：『誰が第二次世界大戦を起こしたのか』渡辺惣樹著、草思社

大東亜会議と二百四十万御英霊の言霊《ことだま》である大東亜宣言

大東亜戦争中に開催した大東亜会議とその会議で採択した大東亜宣言は、我が国の歴史教科書に欠くべからざる我が国の偉業、民族の大いなる記憶、遺産です。大東亜戦争は不平等な人種差別主義を粉砕《ふんさい》し、アジア人のためのアジアを樹立せしめた戦いでした。大東亜宣言はその証明文書です。東京

書籍はこのことに全く触れていません。日本の歴史教科書であるならば、必ず子供たちに教えておくべき事柄です。東京書籍には書いてありませんので、子供たちのために以下解説します。

（1）日本は敗戦したが戦争目的「大東亜新秩序」を建設した

昭和十八年、戦争の真只中《まっただなか》、日本の助力で独立を果たしたアジア諸国とシャム（タイ）の首脳を東京に迎えて、大東亜会議を開催しました。この国際会議は大東亜戦争の名称と共に、アメリカの占領政策によって、日本人の記憶から消されてしまいました。日本は負けはしましたが、戦争目的であった、アジアの諸民族を白人植民地からの独立と、アジア人によるアジアのための新秩序を建設する偉業を成し遂げました。「アジア人のためのアジア」は、後日東南アジア諸国連合・ＡＳＥＡＮとなって結実《けつじつ》しました。ＡＳＥＡＮ諸国は二十世紀に日本と手を携えて共に発展し、二十一世紀になっても尚益々隆盛に向っています。日本の戦争目的が正しかったことの証です。東京書籍の日本侵略国家史観では説明不能です。東京書籍は、日本がアジアに遺した不朽《ふきゅう》の遺産「アジア人のためのアジア」を教えたくないようです。

戦争は既に敗勢に傾いていましたが、昭和十八年十一月五日から六日までの両日、東京にアジアの首脳を迎えて、大東亜会議を開催しました。この会議に七ヶ国の首脳が出席しました。

日本国首相　東条英機

ビルマ国首相　バー・モウ（ビルマは現在のミャンマー）
満洲国国務院総理　張景恵《ちょうけいけい》
中華民国行政院長　汪兆銘《おうちょうめい》
タイ王国首相代理　ワンワイタヤコーン殿下
フィリピン第二共和国大統領　ホセ・パシアノ・ラウレル
自由インド仮政府首班　チャンドラ・ボース

インドネシアはこの会議に招待されませんでした。重要な戦略拠点でしたので、この時点では、独立を時期尚早《しょうそう》と判断していたからです。戦後、独立してインドネシアの初代大統領となるスカルノは、この会議の直後に日本へ招かれ昭和天皇に謁見《えっけん》しました。この時、昭和天皇は例のない行動をお取りになりました。昭和天皇はスカルノに突然歩み寄り手を差し伸《の》べて握手したのです。深田祐介氏はこのことを「スカルノに握手をもとめた昭和天皇の真意は、戦争目的がアジアの解放にあることを、宮中の慣例を破り、率先身を以て示そうとした点にあったのではないか」と述べています。[*1]

岡崎久彦氏は会議への「出席者が一様に感じたことは、いままで一度も顔を見ることもなかった隣人の顔をはじめて見た」と述べています。[*2] これまでは、アジアのことは宗主国である白人たちだけで会合し、当事者であるアジア人は蚊帳《かや》の外でした。大東亜会議はアジア人同士が膝を突合せた最初の国際会議です。大戦争を遂行中兵馬倥偬《こうそう》の間、この会議を日本が主催しました。二十世紀から二十一世紀はアジアの時代、その嚆矢《こうし》が大東亜会議です。この会議で採択した大東亜共同宣言が今日のアジアの繁栄を予言しています。

大東亜会議は、日本は何《いず》れ戦争に負けてしまうけれども、大東亜戦争の大義《たいぎ》を後世に残そうと、外務大臣の重光葵《しげみつまもる》が企画しました。

（2）大東亜共同宣言は現在の東南アジア諸国の繁栄を予言している

大東亜共同宣言は次の通りです。我が国の歴史的文書であり、現在の繁栄するアジアを予告しています。これは大切な民族の記憶ですから、全文を掲げます。*3

抑々《そもそも》、世界各国が各《おのおの》其の所を得《え》、相寄り相扶《あいたす》けて、万邦共栄の楽《たのしみ》を偕《とも》にするは世界平和確立の根本要義なり。

然るに、米英は自国の繁栄の為には他国家他民族を抑圧し、特に大東亜に対しては飽《あ》くなき侵略搾取を行い、大東亜隷属《れいぞく》化の野望を逞《たくまし》うし遂には大東亜の安定を根柢より覆《くつがえ》さんとせり。大東亜戦争の原因茲《ここ》に存す。

大東亜各国は相提携して大東亜戦争を完遂《かんすい》し、大東亜を米英の桎梏《しっこく》より解放して、その自存自衛を全《まっと》うし、左の要綱に基き大東亜を建設し、以て世界平和の確立に寄与せんことを期す。

一、大東亜各国は協同して大東亜の安定を確保し、道義に基く共存共栄の秩序を建設す

一、大東亜各国は相互に自主独立を尊重し、互助敦睦《ごじょとんぼく》の実《じつ》を挙げ、大東亜の親和を確立す
一、大東亜各国は相互に其の伝統を尊重し、各民族の創造性を伸暢《しんちょう》し大東亜の文化を昂揚《こうよう》す
一、大東亜各国は互恵《ごけい》の下緊密《きんみつ》に提携し、其の経済発展を図り、大東亜の繁栄を増進す
一、大東亜各国は万邦との交誼《こうぎ》を篤《あつ》うし、人種的差別を撤廃し、普《あまね》く文化を交流し、進んで資源を開放し、以て世界の進運《しんうん》に貢献す

「道義に基く共存共栄」「自主独立」「伝統文化尊重」「経済発展」「人種差別撤廃」「資源の開放」を謳《うた》っています。大東亜共同宣言は大和民族の限りなき価値ある記憶、大東亜戦争二百四十万御英霊の言霊《ことだま》です。大東亜会議の記憶を復活することは二百四十万御英霊への鎮魂《ちんこん》です。

大東亜戦争の主目的は自存自衛で、大東亜新秩序は付け足しと主張する人もいるでしょう。しかし、日本が意識しようと意識しまいと、白人たちの圧政下に呻吟《しんぎん》するアジア諸民族の共感と賛同を得ました。昭和十八年は既に勝利への見通しは失われていましたが、各国の首脳たちは日本への渡航の危険を顧《かえり》みず、勇躍して日本に参集しました。そして、首脳たちは大東亜共同宣言を満場一致で採択しました。

岡崎久彦氏は『重光・東郷とその時代』の中で「民族の独立というものは、もし日本が負けた場合こうした指導者たち個人の身に及ぶ危険などを超《こ》えて、絶対的に尊い価値を有していたということであろう」と述べています。同著の中から二人の首脳の感懐を紹介します。フィリピンのラウレル首相

は「日本がこの戦争に勝たなければ、われわれが自由を享受《きょうじゅ》しえないことは明らか」、インドのチャンドラ・ボースは「自由にして繁栄する新大東亜の理想の達成は一《いっ》に懸《かか》ってこの戦争に勝つかどうかにある」と紹介しています。[*4]

後述するルーズベルトとチャーチルの共同文書・大西洋憲章は絵空事、空文《くうぶん》です。戦争の正義を詐《さ》称《しょう》する大西洋憲章は戦争が終わるとたちまち泡沫《うたかた》のように消え失せました。この大東亜共同宣言は、その果実を享受しているアジア諸国の上に、今も赫々燦々《かくかくさんさん》と輝《かがや》いています。

(3) 東京書籍が称賛する大西洋宣言は絵空事、空文

昭和十六年八月にイギリスのチャーチル首相とアメリカのルーズベルト大統領は、大西洋上において「大西洋憲章」なるものを発表しました。東京書籍はこれを二百三十三頁に次のように書いて、米英を平和の使徒《しと》、ファシズムのドイツに対決する正義の味方として持ち上げています。

> 1941年8月に**大西洋憲章**を発表して、ナチス・ドイツに対決する決意と戦後の平和構想を示しました。このようにヨーロッパでは、ファシズムの**枢軸国**《すうじく》と反ファシズムの**連合国**の戦いという構図が明らかになっていきました

東京書籍は二百二十八頁に「(日本は)ドイツと日独防共協定を結び、ファシズム諸国に近づきました」

と書いていますから、日本をファシズムの仲間と位置付けています。アメリカとイギリスは正義の味方、ドイツや日本は悪、悪人国家日本は正義の前に首を垂《こうべ》れよ《た》という構図です。この大西洋憲章の紹介の仕方は東京書籍流儀の虚構《きょこう》、詭弁《きべん》です。「ファシズムの**枢軸国**と反ファシズムの**連合国**の戦いという構図」と書いていますが、大西洋憲章宣言時、イギリスは「英ソ相互支援協定」を結んで、ソ連と提携済みでした。既述の通り、ソ連は赤色帝国主義、全体主義権化の侵略国家です。そのソ連と手を組んでいたイギリスと一緒くたにして正義の味方と位置付けています。ソ連はドイツと「独ソ秘密議定書」を結び、バルト諸国やポーランドを武力侵略した国です。そのソ連のポーランド占領の余燼《よじん》も収まらない内に、英米はソ連と手を握り合っています。東京書籍の記述は支離滅裂です。共産主義国家ソ連を民主主義国家に擬製《ぎせい》するため、ソ連の悪辣《あくらつ》な侵略行為を一つも書いていません。東京書籍は共産主義に呆《あき》れるほどに身贔屓《みびいき》です。

イギリスは世界中に広大な植民地を持つ国、アメリカも日清戦争後十九世紀の末にハワイを併呑《へいどん》し、フィリピンを植民地にした国です。イギリスもアメリカも帝国主義時代を制覇した侵略国家です。なぜ東京書籍は米英ソを除外して、日本だけを侵略国家に見立てるのでしょうか。東京書籍は二重基準です。

東京書籍が日本の子供たちのために書いた歴史教科書であるならば、大西洋憲章ではなく、大東亜宣言をこそ取り上げるべきです。

大西洋憲章は米英両国は領土を拡大しないこと、当事者である国民の意に反して領土を変更しないこと、自治を奪われた国の主権回復を希望すると約束していますが、大西洋憲章は米英ソが侵略して支配下に置いた諸民族や諸国家を、勝手に対象外に置きました。ソ連が強奪《どうだつ》したフィンランドの領土や武力占領したバルト諸国はどうなるでしょうか。また、イギリスが世界中に有する植民地や諸民族は一体どうなるでしょうか。アメリカは略取したハワイやフィリピンをどうしようとするのでしょうか。案の定、チャーチルは「主権回復、自治政府といった原則は、ナチスの支配下にあるヨーロッパの民族についてのみに適用される。領土の変更もそうした地域への適用である」*5と述べて、アフリカやアジアに所有する植民地を憲章の適用外にしました。チャーチルはアフリカやアジアの民族を一人前の人として扱っていない、人種差別者です。

チャーチルは内心では大西洋憲章に反対でしたが、アメリカのご機嫌を損ねないように、面従腹背《めんじゅうふくはい》、鉄面皮《てつめんぴ》です。チャーチルにとっては祖国イギリスの存続が第一なのですから形振《なりふ》り構ってはいられません。ドイツとの戦争に勝つために共産主義独裁侵略国家ソ連とも手を握《にぎ》りました。これが厳しい世界政治の現実です。東京書籍はこの厳しい世界政治を子供たちの目から覆い隠し、善玉悪玉観で切り取って見せるだけの勧善懲悪の安っぽい歴史教科書です。

こんな身勝手な大西洋憲章は、たちまち忘れ去られました。空文句です。今、何も残っていません。それに比して、大東亜共同宣言は前述しましたように、今、東南アジア諸国にその遺産が燦然《さんぜん》と輝いています。東京書籍は歴史の虚実を逆様《さかさま》に書いています。

【まとめ】

東京書籍は大西洋憲章でなく、大東亜宣言を教えなくてはいけません。これはアジア人よるアジアの始まり、この宣言は戦歿《せんぼつ》御英霊の言霊《ことだま》、我が民族の大いなる偉業、永遠の記憶です。もし、子供たちが大東亜会議とその会議で採択した大東亜宣言を知ったなら、日本は凄い国、それを成し遂げた父祖と御英霊を尊敬します。

大西洋憲章を宣言した場所は大西洋上に浮ぶ、イギリスの最新鋭戦艦プリンス・オブ・ウェールズでした。そのプリンス・オブ・ウェールズは大東亜戦争開戦初頭《しょとう》、ＡＳＥＡＮの海、マレー沖海戦で日本海軍航空隊によって轟沈《ごうちん》せしめられ海の藻屑《もくず》と消えてしまいました。何と象徴的ではありませんか。

＊１：『大東亜会議の真実 アジアの解放と独立を目指して』深田祐介著、ＰＨＰ
＊２：『重光・東郷とその時代』岡崎久彦著、ＰＨＰ
＊３：『大東亜共同宣言』情報局記者会、新紀元社
＊４：『重光・東郷とその時代』岡崎久彦著、ＰＨＰ
＊５：『裏切られた自由 上』ハーバート・フーバー著、草思社

大東亜戦争敗戦を自国に起こった悲劇ではなく、他国の出来事のように書く

大東亜戦争敗戦は大和民族始まって以来最大の悲劇です。大和民族が二千年間熟成《じゅくせい》して来た大切なものをたくさん失ってしまいました。日本はもう元に戻れない程の傷手《いたで》を負いました。惜《お》しむにも余りあります。

大東亜戦争では空襲や艦砲《かんぽう》射撃で国土が戦場になり、婦女子を含む非戦闘員までも戦闘に巻き込まれたくさんの命を失いました。そして、二千年間受け継いで来た掛替《かけがえ》のない有形無形の宝物を失ってしまいました。永遠に忘れられない悲劇の記憶です。

そして、昭和天皇が御身を投出して国民の命を救った「御聖断《ごせいだん》」を、必ず教えておかなくてはいけません。

東京書籍は日本人として、これら大切なことを何一つ教えようとはしません。東京書籍の終戦の記述は二百三十九頁、小見出し「日本の降伏」です。

【日本の降伏】

1945年7月、連合国は**ポツダム宣言**を発表し、日本に対して軍隊の無条件降伏や民主主義の復活・強化などを求めました。しかし日本は、すぐにはそれを受け入れませんでした。

アメリカは、**原子爆弾**《ばくだん》（**原爆**《げんばく》）を8月6日に広島、9日に長崎に投下しました。また、ソ連が、

アメリカ・イギリスと**ヤルタ会談**で結んだ秘密協定に基《もと》づき、8月8日に日ソ中立条約を破って宣戦布告し、満州《まんしゅう》・朝鮮《ちょうせん》・千島《ちしま》列島などに侵攻《しんこう》しました。
ようやく日本は、8月14日にポツダム宣言を受け入れて降伏することを決め、15日に昭和天皇がラジオ放送（玉音《ぎょくおん》放送）で国民に知らせました。こうして、第二次世界大戦が終わりました。

東京書籍の終戦の記述は、自国のことを述べる歴史教科書とはとても思えません。我が国未曽有《みぞう》の悲劇を、何処か遠い国で起こった出来事のような冷《ひ》ややかな叙述です。「ようやく日本は……降伏することを決め」と書き、恰《あたか》も侵略国家日本は最後までしぶとかったと言いたげです。

昭和天皇の、国を保ち国民を助けようとする御憂悶《ごゆうもん》、天皇を守ろうとする重臣たちの悲壮な決意、天皇を信じて戦う国民、東京書籍はこれらを一顧《いっこ》だにしません、全部無視です。どこの国の歴史教科書でしょうか。

（1）御身を捨てて国民を救った昭和天皇の御聖断

大東亜戦争末期、日本はポツダム宣言を即受諾するか、あるいは本土決戦で一度勝った後で日本に少しでも有利な講和を結ぶか、重臣たちは苦悩しました。敗戦を覚悟した重臣たちが、唯《ただ》一つ守り抜こうと決意していたことは、天皇の存続です。戦争に負けても、天皇さえ残っていれば、いつか日本は必ず復活できると確信していたからです。しかし、連合軍は天皇をどうしようとするのか、日本からの問いに回答はありませんでした。被告として裁判の法廷に立たされるのか、廃位させられて日本から「天皇」がなくなってしまうのか、もしかして処刑されてしまうのか、重臣たちは苦悩しました。ポツダム宣言受諾の是非を決める御前《ごぜん》会議で、昭和天皇は「このままでは（ソ連軍による満洲侵犯、米軍の原爆投下や無差別都市爆撃、本土決戦にもなれば）、日本の国土は壊滅《かいめつ》し国民は皆死んでしまう。我が身はどうなってもよいから国民を救いたい」と仰せになって、ポツダム宣言受諾を御決断されました。ポツダム宣言受諾降伏か継戦《けいせん》かで二分していた国論を、昭和天皇の御決断で一つに纏《まと》め、国民を救って下さいました。これを「御聖断」と言います。御身を投げ出して国民を守ろうとなさった昭和天皇への恩義《おんぎ》を、国民は決して忘れてはなりません。日本国民は一人残らず知っておくべきことです。東京書籍は、教育勅語の解説で「天地とともに極《きわ》まりない皇室の運命を助けなければならない」と書き、国民は天皇のために奉仕すべきものと説明していますが、昭和天皇のお振舞いは東京書籍の説明とは正反対です。

日本がポツダム宣言を受諾して終戦を決定する際の、昭和天皇始め重臣たちの苦悩を、東京書籍のように他所事《よそごと》としてではなく、我が民族が蒙った未曾有の悲劇として子供たちに語っておかなければなりません。子供たちは日本とはいかなる国であるかを知ることができます。陸軍大臣阿南惟幾《あなみこれちか》の「連合国からの回答には天皇の存続という国体護持への保証がないこと」への憂慮《ゆうりょ》や、鈴木貫太郎首相が国論を一つに纏めて終戦に導くために昭和天皇に御聖断を仰いだこと、昭和天皇が身を捨てて終戦をご決意なされたこと、その時にお述べになったお言葉を教えておくべきです。御前会議に臨んだ重臣たちは、昭和天皇のご決意を聞いて、皆泣き崩《くず》れました。我が国の歴史教科書であるならば、我が民族が蒙《こうむ》った歴史上最大の悲劇を、二度とこのような悲劇を繰り返すことのないように、きちんと教えておかなければいけません。

（２）終戦の詔書は昭和天皇の御聖断の時のお言葉を基に起草した

通常、詔書は練達《れんたつ》の文章家が天皇の御心を推《お》し奉《たてまつ》って起草します。この終戦の詔書は通例《つうれい》に違《たが》い、御前会議における昭和天皇のお言葉をほぼそのまま文語調に置換て起草しました。ですから、この詔書は昭和天皇の御心をそのまま表現しています。

しかしながら、昭和天皇がお述べになったことの中で、唯《ただ》一点、詔書に書いてないことがあります。「私のことを心配してくれると思うが、私はどうなってもかまわない。戦争を即時終結することを決心した」です。もし、詔書にこのお言葉が入っていたとするならば、国民は最後の一人まで戦い抜いたでしょう。このことは、長谷川三千子氏の著書『神やぶれたまはず』でご教示いただきました。

（３）日ソ中立条約違反を犯したソ連を擁護している

東京書籍は「ソ連が、アメリカ・イギリスとヤルタ会談で結んだ秘密協定に基づき、８月８日に日ソ中立条約を破って宣戦布告し、満州・朝鮮・千島列島などに侵攻しました」と書いています。「秘密協定」に基づいていても、ソ連の条約破りを正当化できません。さらに、「侵攻」という言葉を使っています。東京書籍は、日本は悪い国だから、「侵略」でなく「侵攻」が適当だとでもいうのでしょうか。東京書籍は共産主義国家ソ連を何処《どこ》までも擁護しています。

【まとめ】

敗戦は日本の未曽有の悲劇でした。嘗《かつ》て一度も経験したことのない屈辱《くつじょく》を被りました。日本人は肝《きも》に銘《めい》じて、この悲劇を忘れてはなりません。東郷茂徳《しげのり》が敗戦の感慨を述べた歌を紹介します。東郷は大東亜戦争の開戦時と終戦時に外務大臣を務めました。開戦時には最後まで和平を求め、終戦時には即時戦争終結を主張した剛直《ごうちょく》の人です。因《ちな》みに、東郷の先祖は秀吉の朝鮮の役で連れて来られた陶工です。東郷茂徳が東京裁判のため収監《しゅうかん》中に詠《よ》んだ歌です。

いざ児等《こら》よ戦ふ勿《なか》れ戦はば勝つべきものぞゆめな忘れそ

「お前たちよく聞けよ、決して戦争はしてはならぬ、もしするならば必ず勝たねばならぬ、努々《ゆめゆめ》忘れてはならぬぞ」という意です。

国民は最後まで天皇を敬愛し信じていました。天皇を裏切る重臣は一人もいませんでした。これが我が国の成立ち、国体であり、日本の強さの本源です。この本源を教えることが、日本人が我が国の歴史を学ぶ重要な目的でなければいけません。国の敗戦を民族の一員としてではなく、第三者の立場から眺《なが》めるような、東京書籍の素気《そっけ》無い叙述では、子供たちは何も感得《かんとく》できません。

米国の苛酷な「日本改造計画」を「民主化」と言い換えている

アメリカは日本から武器を取り上げると、ポツダム宣言をゴミ箱に捨て、双方が約束した降伏条件を反故《ほご》にしました。そして、日本がアメリカに二度と刃向かうことができないように、無力国家への改造に取り掛かりました。それは、東京書籍がいう「戦後改革」や「非軍事化」なんぞではありません。日本人を精神的に骨抜きにする「精神改造計画」と言うべきものです。アメリカは新憲法を押し付け、民法などの法体系を作り替え、さらに教育勅語を廃止して愛国心抜きの教育基本法を作らせて、民族の歴史、文化、伝統を根底から根絶やしにしようとしました。「民族の記憶」の喪失です。

日本人精神改造計画を、ウォー・ギルト・インフォメーション・プログラム（WGIP、日本人に戦争の罪の意識を植え付ける計画）と言います。これはアメリカの国家計画で、日本の新聞、ラジオ、映画のニュースなど、当時のあらゆるマスコミを動員して日本人の心に、あらぬ贖罪《しょくざい》意識を植え付けました。WGIPの落とし子・東京書籍はWGIPに一言も触れません。

東京書籍の記述は二百五十三頁、小見出しは「占領の始まりと非軍事化」です。

【占領の始まりと非軍事化】

日本は、アメリカ軍を主力とする連合国軍によって占領されました。そして、**マッカーサー**を最高司令官とする**連合国軍最高司令官総司令部**（GHQ）の指令に従って日本政府が政策を実施《じっし》するという間接統治の方法が採られました。その下で**戦後改革**が進められました。

GHQの占領政策の基本方針の一つは、日本が再び連合国の脅威《きょうい》にならないよう、徹底《てってい》的に非軍事化することでした。軍隊を解散させ、戦争犯罪人（戦犯《せんぱん》）と見なした軍や政府などの指導者を**極東《きょくとう》国際軍事裁判**（東京裁判）にかけ、戦争中に重要な地位にあった人々を公職から追放しました。

昭和《しょうわ》天皇も、GHQの意向に従い、1946（昭和《しょうわ》21）年に「人間宣言」を発表し、天皇が神であるという考え方を否定しました。

（1）アメリカはポツダム宣言の降伏条件を反故《ほご》にして、日本精神改造計画を問答無用に強行

アメリカは日本を武装解除すると、掌《たなごころ》を返すように、ポツダム宣言の「吾等ハ右条件ヨリ離脱スルコトナカルベシ」という条件付降伏の約束をぽいと捨てて、日本軍の無条件降伏を日本国家の無条件降伏に摩《す》り替えました。

ミズーリ号上の降伏文書調印から四日後の九月六日、まだ署名したインキも乾《かわ》く間もない内に、米国大統領トルーマンはマッカーサーに、「聯合国《れんごうこく》と日本との関係は契約的基礎の上にあるのではなく、日本は聯合国に対して無条件降伏を行ったのである」と下達《かたつ》しました。*1 要《よう》は、ポツダム宣言や降伏文書

書で日本と約束した「契約的基礎」、即ち降伏条件などはなかったものとする、日本は有条件降伏でなく無条件降伏したことにして扱《あつか》えという命令です。アメリカは文明国としてあるまじき仕業《しわざ》を平然とやってのけました。私はここに白色人種の有色人種に対する人種差別を見ます。

米国占領軍が命令し実行したことを思いつくまま列挙します。陸海軍関係組織の全廃はもちろん、公職追放、新憲法強要、皇室典範改編、宮家廃止、神道指令、民法改編、教育勅語廃止、教育基本法強要、ローマ字教育、漢字使用制限（当用漢字）、財閥解体、個人の手紙をも開封する徹底的検閲、映画新聞雑誌ラジオ放送などの言論統制、日本の立場を擁護する図書没収などです。祝祭日も廃止させられました。日本の指導者たちは、唯《ただ》一つ天皇をお守りするために、米国の横暴をひたすら堪え忍びました。

とりわけ、各分野の指導層約二十一万人を追放した公職追放は、日本に大打撃を与えました。東京書籍は「戦争中に重要な地位にあった人々」と書き、公職追放の対象を軍人と政治家に限ったかのように読み取らせていますが、実際は、官僚・役人、教育界、新聞・ラジオ・出版界などマスコミ、産業界など全ゆる分野に亘りました。GHQはこの権力を恣意的《しいてき》に乱用し、占領政策に不都合な人物を片端《かたはし》から追放処分にしました。GHQに睨《にら》まれて職を失えば家族が路頭に迷います。日本人は物を言えなくなりました。

GHQは日本改造計画に不都合な書籍や雑誌を没収しました。西尾幹二氏はこれを「焚書《ふんしょ》」と呼んでいます。単行本七七六九点が「没収宣伝用刊行物」に指定されて没収されました。その対象は雑誌や児童書にも及んでいます。日本の立場を擁護《ようご》する膨大《ぼうだい》な書物が日本から消えてしまいました。西尾幹二氏の著書に、GHQの命令書と没収書物の一覧表が掲載されています。日本語を解するアメリカ人は少ししかいなかったはずです。国語に精通しなければできない書物の分野で、徹底して実行できた理由は東京大学の教授たちが協力したからです。[*2]

東京書籍は、アメリカが日本をこのような強圧下において、日本精神改造計画を実行したことを教えていません。

米国の占領政策については、書きたいことが山程ありますが、拙著の目的は東京書籍の問題記述を指摘することですから、「年頭の教書」と「新憲法制定過程」の二つに絞《しぼ》って、東京書籍の欺瞞《ぎまん》を説明します。

○昭和二十一年一月の昭和天皇の「年頭の詔書」

東京書籍は「年頭の詔書」を「人間宣言」と紛《まぎ》らかして教えています。

○新憲法の制定

東京書籍はこの憲法が英文の翻訳であることを書いていません。また、制定を強制したにも拘わらず民主的な手続きを踏んで制定されたと偽《いつわ》っています。この憲法はアメリアが押し付けたメリケン憲法です。

(2) 昭和天皇が「年頭の詔書」に込めた意図

昭和天皇の「年頭の詔書」について、東京書籍は「昭和天皇も、GHQの意向に従い、1946（昭和21）年に「人間宣言」を発表し、天皇が神であるという考え方を否定しました」（二百五十三頁）と書いています。

東京書籍の偽装《ぎそう》を指摘します。「GHQの意向に従い」は誤魔化しです。米艦ミズーリ号上の降伏文書調印から四ヶ月後、絶対的権力を持つアメリカの要求に抵抗などできません。占領下におけるアメリカからの意向は命令、強制です。日本を徹底改造する決意を固めているアメリカが生易《なまやさ》しいはずがありません。

昭和天皇も「人間宣言」を否定なさっています。当時の報道機関が「人間宣言」と呼びはしましたが、昭和五十二年の記者会見で、昭和天皇がこの年頭の詔書の真意を「それが（五箇条御誓文が）実はあの時の詔勅《ママ》の一番の目的なんです。神格とかそういうことは二の問題であった」と仰《おお》せになっています。[*3]「年頭の詔書」の冒頭に「五箇条御誓文」が引かれていますが、占領軍が用意した英語の原文にはなかったもので、昭和天皇御自身の御意向によって加えられました。[*4]東京書籍は日本の教科書であるならば、「人間宣言」という言葉を使ってはなりません。

（3）「民主的憲法を民主的手続きを経て制定した」と嘘を教える

立憲民主党や共産党は憲法改正論議から逃げ回っています。国民も遅蒔《おそまき》ながら、憲法改正を口に上《のぼ》すようになり、令和三年の春の輿論《よろん》調査では、「改憲すべき」が「改憲すべきでない」を上回りました。

米国嫌いの「護憲派」たちが、米国製メリケン憲法を「平和憲法」と詐称して、憲法を守れという奇態な様相を呈しています。

メリケン憲法の内容に立ち入ることは専門家にお願いし、ここでは、制定過程に焦点を当て東京書籍の記述を論難します。東京書籍の記述は二百五十四頁、小見出しは「日本国憲法の制定」です。

【日本国憲法の制定】

民主化の中心は、憲法の改正でした。日本政府は初めにGHQの指示を受けて改正案を作成しましたが、大日本帝国《ていこく》憲法を手直ししたものにすぎませんでした。そこで、徹底《てってい》した民主化を目指すGHQは、日本の民間団体の案も参考にしながら、自ら草案をまとめました。日本政府はGHQの草案を受け入れ、それを基に改正案を作成しました、そして、帝国議会での審議《しんぎ》・修正を経て、1946（昭和《しょうわ》21）年11月3日に**日本国憲法**が公布され、翌年の5月3日から施行《しこう》されました。

欺瞞に満ちた記述です。最初に述べました七分三分の七分が何も書いてありません。私の批判は次の通りです。

①アメリカの占領方針の第一目的は日本の精神的武装解除、日本の無力化です。そのための初手《しょて》が憲法改正です。東京書籍はアメリカの底意を教えていません。

②「民主化」という言葉が使ってありますが、アメリカは「民主化」などとは言っていません。「民主主義」と言っています。東京書籍が敢《あ》えて「民主化」という言葉に摩り替えた目的は、米国製憲法を正当化するためです。
③占領中にその国の憲法を変えることは国際法違反です。東京書籍はこの重大な事実を教えていません。
④憲法草案はマッカーサーが提示した素案（マッカーサー・ノート）を基に、憲法に門外漢の外国人の素人《しろうと》が、七日間で書き飛ばした粗雑なものでした。東京書籍はこのことに触れていません。
⑤東京書籍は「日本の民間団体の案も参考にしながら」と虚言《きょげん》を弄《ろう》し、憲法草案作成に国民も関わった民主的憲法であるかのように見せ掛けています。もし、関わっているとしたら、それは日本人の共産主義者です。
⑥アメリカが天皇廃位を脅《おど》しに使って、問答無用で押し付けた憲法であることに言及していません。
⑦東京書籍は日本が何の制約もなしに、自由に修正したかのごとく書いていますが、どんな修正にもアメリカの承認が必要でした。
⑧東京書籍は、国民主権を礼賛しながら、アメリカによる厳重な言論統制の下、国民疎外《そがい》で制定させられたことを書いていません。

日本国憲法の場当たりで粗略な制定過程は右記の通りです。米国バイデン大統領は「日本国憲法を私たちが書いたことを、トランプは知らないのか」と言っています。[*5] 日本国憲法は米国が書き、日本に押し付けたことは世界の常識です。日本国憲法を日本が自主的に制定したかのように、子供たちに偽《いつわ》って教える東京書籍の目的は何処にあるのでしょうか。

先に述べた八点について、私が拙《つたな》いながらも解説します。世に優れた本が多数出版されていますから、国の行末や子孫の平安を願うなら、これらの本を求めてお読みください。

①アメリカの占領方針の究極の目的は日本の精神的な完全非武装、無力化

アメリカの占領政策の究極的目的は、東京書籍がいう「民主化」ではありません。二度とアメリカに刃向かうことがないように、日本を憲法や法律で非武装化し、さらに教育に手を付けて日本人から誇りを奪い、自尊自立の精神をなくしてしまうことです。

終戦一ヶ月後に出した「降伏後における米国の初期対日方針」に、米国の究極の目的は日本が再び米国の脅威にならないことと書いてあります。[*6] 東京書籍は、この米国の究極的目的を教えていません。新憲法押し付けは日本無力化の第一歩です。

白人の世界では復讐《ふくしゅうせん》戦は常識です。当然、アメリカも日本からの復讐を恐れました。日本は特攻隊に象徴される強兵の国です。だから、アメリカは、日本が二度と刃向かうことをできなくするために、新憲法や教育基本法を始め様々な仕掛けを施《ほどこ》しました。GHQは「教科書検定基準」を作って、日本の精神的拠《よ》り所である神話、著名な皇族、楠木正成《くすのきまさしげ》などの英雄、神道や祭祀《さいし》を教科書から削らせまし

た。占領が終わった後も、この仕掛けはＧＨＱが設立させた日本教職員組合（日教組）によって継承されました。[*7] こうして、日本人は段々と大和魂《やまとだましい》や尚武《しょうぶ》の精神を忘れて行きました。「民族の記憶」の喪失《そうしつ》です。

②アメリカの日本改造方針を「民主化」と言い変え「憲法絶対」を洗脳

アメリカの占領政策文書に「民主化」という言葉は見当たりません。「民主主義的傾向の復活強化」「民主主義過程への希求《ききゅう》の奨励」というように「民主主義」という言葉はあります。アメリカは民主主義が既に戦前から日本に定着していることを知っていましたので、ポツダム宣言に「日本国国民の間に於ける民主主義的傾向の復活強化」と書いています。

東京書籍はなぜ、「民主主義」でなく「民主化」と言い換えるのか。その理由は「民主化」という言葉が絶対に正しい事と一般に了見《りょうけん》違いされているからだと推測します。東京書籍は「民主化」という言葉に置き換えて、「民主化が不十分だから明治憲法はだめ」「民間団体の案も参考にしながら（少数意見を取り込んでいるから民主的）」と言い包《くる》め、だから民主化された日本国憲法は絶対に正しい、一《いち》言隻句《げんせきく》変えてはならないと、子供たちを洗脳教育しているのです。「民主化」「民主的」という言葉に惑わされてはいけません。

アメリカがいう「民主主義」は具体的に何を指《さ》そうとしていたかを、江藤淳編の『占領史録』に見付けました。アメリカから聴取した記録文書に、「民主主義過程への希求の奨励」の対象として、「軍と直接関係ある機関の解体の他、さらに広く枢密院《すうみついん》、行政裁判所、貴族院、選挙制度、特高制度等々[注]の改革をも含むものなるやにも思考せらる」と書いてあります。[*8]「含むものなるやにも思考せらる」とあるように、アメリカもこの時点で具体的な対象を特定していませんでした。

戦後何が変わったかと言えば、婦人参政権付与、官選議員であった貴族院を選挙で選ぶ参議院にしたこと、知事を内務省が任命する官選から住民投票に変えたこと、思想犯や政治犯を取締まった特高を解体した位しか思い当たりません。昭和天皇が「民主主義は明治憲法で採用した」と仰せになられたように、日本では既に明治憲法の時から民主主義でした

（注）特高は「特別高等警察」、思想犯や政治犯を取締る警察

③占領中に他国の憲法を変えることは国際法違反

一九〇七年に各国が締結した「陸戦法規慣例条約（ハーグ陸戦条約）」で、占領軍は公共秩序や住民の生活に支障のない限り占領地の憲法や法律を変えたりしてはいけないことを定めています。[*9]もちろん、日本もアメリカもこの条約を批准《ひじゅん》していますから、遵守《じゅんしゅ》義務があります。それで、アメリカは日本に新憲法を押し付けるに当たって、日本から改正を言い出したように偽装しました。新聞やラジオ、映画のニュースなど報道機関に対して徹底した報道統制を敷いて、新憲法を強要したことを日本国民に知られないように情報操作しました。

④憲法はマッカー素案を基に憲法に門外漢の外国人の素人たちが七日間で、英語で書き飛ばした粗雑なもの

マッカーサー素案を基に、憲法草案を起草したGHQ民生局の担当者たちは素人《しろうと》ばかりでした。『日本国憲法制定の由来』から、彼らの起草の様子を摘記します。*10

○昭和二十一年二月四日民生局長ホイットニー准将《じゅんしょう》が、民生局全体会議を招集《しょうしゅう》した。マッカーサー元帥の日本国憲法草案起草を命じる指令を伝え、一切の仕事に優先せよと指示した。民生局への出入口を閉ざして作業を極秘に行った。

○民生局員二十五人中二十一人が九つの委員会に編成され、この作業に従事した。これらの人の中には憲法専門の学者はいなかった。

○憲法草案作成という、かなりに複雑で専門的な仕事をするに必要な、老練な資質をもっていた人は一人もいなかった。二人の学者と一人の婦人職員以外には、日本の、それも伝統や政治制度といったものに、戦前から関心を持っているもの、精通したとみられるものもいなかった。

○起草は短時日の間に行われ、議論しているような時間はあまりなかった。

○起草作業は二月十日に完了した。マッカーサー元帥はただちに承認し、二月十二日、その草案は印刷された。

起草命令から作業完了までわずか七日間です。明治憲法は足掛け十三年です。呆《あき》れ返《かえ》る次第です。日本国憲法は日本人抜きの外国人素人集団によるやっつけ仕事です。マッカーサーも直ちに承認している所を見ると、中味を碌《ろく》に吟味《ぎんみ》などしていません。メリケン憲法に、我が国の歴史や伝統が全く書かれていない理由も分かります。日本を何も知らないから書けません。

⑤「日本の民間団体の案も参考にしながら」として「民主的」憲法と見せ掛けている

東京書籍は「徹底した民主化を目指すＧＨＱは、日本の民間団体の案も参考にしながら、自ら草案をまとめました」と書いて、憲法草案作成に国民も関わった「民主的」憲法であるかの如く見せ掛けています。憲法草案起草を七日間でやってのけた突貫《とっかん》工事で、民間団体の案を参考にするような時間的余裕があったでしょうか。

もし、ＧＨＱが本当に民間団体の案を参考するつもりであったなら、新聞やラジオを使って草案を募集したはずですが、何もしていません。東京書籍がＧＨＱが民間団体の案を参考にしたとする根拠があるなら、提示して下さい。もしそれが本当なら、その「民間団体」とは共産主義者であったことを否定できません。日本人の共産党員が、ＧＨＱの民生局に頻繁《ひんぱん》に出入していました。日本共産党の政治局員であった伊藤律《りつ》は「ＧＨＱ内の元アメリカ共産党員やシンパとの秘密会合は、必ず徳田（球《きゅう》一《いち》）、野坂（参三《さんぞう》）と私（伊藤律）の三人でやった」と回顧録に書いています。[*11] この三人は日本共産党の大幹部です。

メリケン憲法を起草したＧＨＱ民生局も共産主義に染《そ》まっていましたので、日本共産党を贔屓《ひいき》にしていました。東京書籍の「民間団体の案」の民間団体とは共産党もしくは共産主義者の団体であったに違いありません。

⑥天皇廃位を脅しに使って、問答無用で憲法を押し付けた

前述しましたように、当時の指導者たちは、もし日本から天皇がなくなれば、日本は再び立ち上がれない。天皇さへ存続できれば、将来必ず復活できると堅く確信していました。天皇を守る、ただその一点のためにアメリカの数々の無理難題に服従しました。

アメリカは、ソ連が天皇を裁判に掛けることを要求していると脅して、新憲法制定を急がせました。[*12] 日本は天皇存続という最低限の条件を満たしていることを以て、心ならずも新憲法を容認しました。

⑦日本の憲法審議の過程で、どんな修正もアメリカの承認が必要

東京書籍は「帝国議会での審議・修正を経て」と、さらりと書き流していますが、実際は国会審議で、本文に加えられた修正は三十ヵ所ありましたが、「その修正点の事実上すべては、総司令部（ＧＨＱ）が改正を要求していた点」でした。[*13] 日本側からの修正も一つひとつ、ＧＨＱの承認を得なければなりませんでした。東京書籍の記述は「自主憲法」を詐称しています。

⑧憲法起草や審議の過程がアメリカによる厳重な言論統制下で行われ、国民疎外で制定

占領期間中は、世界史上稀《まれ》にみる成功した言論統制が敷かれました。新聞、出版、ラジオ、映画など当時の報道機関全部がアメリカの事前検閲の対象にさせられました。日本で行われた黒塗り検閲では済《す》まさず、検閲したこと自体が分からないように、全部を書き直させる手の込んだ検閲でした。従って、新聞記事を読んでも、修正があったのかなかったのか、何をどのように修正させられたのか判別できませんでした。また、手紙などの私信も開封され検閲されましたから、個人も物が言えなくなりました。日本が受諾したポツダム宣言第十二項「日本国国民の自由に表明せる意志に従い」の約束は反故にされました。

【まとめ】

現日本国憲法は米国製メリケン憲法です。二千年の歴史を持つ日本が、いつまでも外国人が書き飛ばした憲法を頭の上に戴《いただ》いていては先祖に合わす顔がありません。メリケン憲法を初めから作り直さないといけません。作り直す憲法には、日本の国柄をしっかり書き込むべきです。その時は、明治天皇が神々にお誓いになり、昭和天皇が国民に思い起こせと仰せになった「五箇条御誓文」を、憲法前文に置くべきです。天皇が国民を代表して神々にお誓いになった「五箇条御誓文」は、日本が神国である証《あかし》、我が国の国体を表しています。かつ、我が国の近代国家草創の礎《いしずえ》であり、忘れてはならない民族の大切な遺産であり記憶です。

＊1：『忘れたことと忘れさせられたこと』江藤淳著、文春文庫
＊2：『GHQ焚書図書開封』西尾幹二著、徳間書店
＊3：『陛下、お尋ね申し上げます』高橋紘著、文春文庫
＊4：『象徴天皇制度と日本の来歴』坂本多加雄著、都市出版
＊5：産經新聞　令和二年十二月十七日朝刊
＊6：『忘れたことと忘れさせられたこと』江藤淳著、文春文庫
＊7：『天皇は「元首」である』竹田恒泰著、産經新聞出版
＊8：『占領史録（上）』江藤淳編、講談社学術文庫
＊9：『国際条約集 2013年版』有斐閣
＊10：『日本国憲法制定の由来』憲法制定の経過に関する小委員会編、時事通信社
＊11：『伊藤律回想録 北京幽閉二七年』伊藤律著、文芸春秋
＊12：『三代宰相列伝 幣原喜重郎』宇治田直義著、時事通信社
＊13：『吉田茂とその時代　敗戦とは』岡崎久彦著、PHP

自由意思で渡日した在留朝鮮人は理不尽《りふじん》な目に遭わされている被害者か？

東京書籍二百五十三頁、囲み記事「在日韓国・朝鮮人」で、在日朝鮮人についてさりげなく触れて

いることに気付きました。戦後、日本に残留している朝鮮人は権利を制限され差別を受けていると、次のように書いています。

【在日韓国・朝鮮人】
1910年の韓国併合《かんこくへいごう》後、労働者などとして朝鮮《ちょうせん》半島から日本に移り住む人が次第に増え、戦時体制が強まると飛躍《ひやく》的に増加し、第二次世界大戦が終わった時点で約200万人に上りました。戦後、多くの人々が朝鮮半島にもどり、約60万人が日本に残りましたが、日本国籍を失い、社会保障などさまざまな権利を制約され、就職などでの差別も見られました。

東京書籍はものごとの経緯《いきさつ》や因果関係を書きません。この記述も欺瞞に満ちています。東京書籍は巧《たく》みな文章運びで、子供たちに朝鮮人に対する無用な贖罪意識を注《そそ》ぎ込んでいます。東京書籍は二百万人が渡日した理由を説明していません。「戦時体制が強まると飛躍的に増加し」と、朝鮮人が無理矢理日本に連れて来られたかの如く印象付ける書き方です。

二百万人の中で七十八%は自由意志で日本へ渡って来た人たちです。戦時体制で日本人の働き盛りの若者が戦地へ出征してしまい、労働力不足が深刻だった日本へ、朝鮮人が高賃金を求めて大量に渡航して来ました。自由意思で来たのであって、日本が連れて来たのではありません。

昭和二十四年七月十三日付朝日新聞に掲載された、外務省発表「在日朝鮮人の引揚に関するいきさつ」を要約して、東京書籍の誤りを指摘します。括弧内は筆者の補足です。
○戦前（昭和十四年）に日本内地に住んでいた朝鮮人は約百万人（自由意思で渡日した）で、終戦直前（昭和二十年八月頃）には約二百万人いた。
○増加した百万人のうち、七十万人は自分から進んで内地（日本）に職を求めてきた個別渡航者と、その間の出生によるもの。残りの三十万人は大部分、工鉱業、土木事業の募集に応じてきた者（自由意思で渡日した者）である。
○国民徴用令の朝鮮への適用は昭和十九年九月から翌年三月まで、戦時中のわずか七ヶ月間であり、徴用労務者は少数（二十二万人）である。
○終戦後、昭和二十年八月から翌年三月まで、希望者が（日本）政府の配船と個別引揚げで合計百四十万人が帰国した。北朝鮮へも三百五十人が帰国した。
○関係各省が調査した結果は、（昭和二十四年七月頃に）登録されている在日朝鮮人は総計六十一万人。その中で、戦時中に徴用労務者としてきた者は二百四十五人が残留しているに過ぎない。
○現在、日本に居住している者は犯罪者を除き、全員が自由意思によって在留した者である。
　以上を要約すると、終戦時二百万人いた朝鮮人はほとんどが自由意思で日本へ来た人たちばかりです。徴用（百歩譲って強制の部類）で来た人たちは皆帰国してしまい、日本に残っている徴用者は僅か二百四十五人しかいない。残留者六十一万人は、自由意思で渡日し、自由意思で日本に残留した人たちばかりでした。

東京書籍の書き方は、朝鮮人は強制されて日本に来た上に、居残った朝鮮人は社会保障や就職で差別を受けているとする間違った在日朝鮮人観を強《し》い、子供たちに無用な罪悪感を懐かせる巧妙な記述です。日本に帰化するか、それが嫌なら母国へ帰国すればよいのです。

【まとめ】

東京書籍は日本の子供たちのための教科書でありながら、妙に朝鮮側へ肩入れしています。東京書籍は在留朝鮮人のごねを正当化しているような書き様です。子供たちは日本が悪いと錯覚します。東京書籍は事柄を正確に記述しない巧妙な言い回しで、日本の子供たちに要《い》らざる罪悪感を注入しています。

おわりに

ここまで、拙著を読んで下さった中学生の皆さんは、東京書籍中学校歴史教科書をゴミ箱に捨てて下さい。

東京書籍の中学校歴史教科書批判を綴《つづ》って来て、気付いたことの大方は書きました。東京書籍で歴史を学ぶ中学生諸君は、拙著を横に置いて教科書と読み比べて下さい。本書は読み易いように多くの漢字にルビを振りました。中学生諸君が大人になった時のために、民族の記憶の幾つかを心の中に留めておいて下さい。

「反天皇」「反日」「侵略国家日本」を随所《ずいしょ》にばら撒《ま》いた教科書が文科省の検定に合格し、その教科書が日本の約半数の市町村で採択されている現実に空恐ろしさを覚えます。東京書籍は、日本は為政者・支配者が被支配者の国民を搾取し虐《いじ》めた国、外に向かっては他国を侵略した悪い国、父祖はその手先となった悪い人たちと糾弾《きゅうだん》する書物です。中学生は心の底に贖罪意識の種を蒔《ま》かれて大人になります。彼らが長じて社会の指導者的地位に立ち、究極の判断を求められた時に心の底に潜んでいた贖罪意識が衝動的に動き出し、計《はか》らずも日本に不利な選択をしかねません。これは亡国への道です。

悪巧みに長《た》けた外国から「日本の教科書に書いてあるではないか」と問われれば、国がその教科書を検定合格させていますから、それは違うと反論できません。私の記憶にあることですが、米国駐在の日本国某大使が、中国人記者から「南京虐殺は日本の教科書に書いてないのか」と突っ込まれて、その国辱大使は「書いてある」と答えてしまいました。教科書は外国が付け入る格好の標的です。我が国の教科書は歴史教科書に限らず、国語も音楽も英語も、他国の勢力が深く浸透しているように推察します。心ある国会議員諸氏はこの危険な事態を心に留《と》め、ただちに行動を起こすことを切望します。文科省の教科書関係の役人を総入れ替えして下さい。

教育委員会制度は米国占領軍が押し付けた制度です。ほとんどの教育委員は戦後の洗脳教育にどっぷり漬《つ》かって育ち、歴史に無知、常識も識見も乏しい人が大多数です。「地方教育行政の組織及び運営に関する法律」の中で、教育委員は「人格が高潔で、教育、学術及び文化に関し識見を有するもののうちから、地方公共団体の長が、議会の同意を得て、任命する」としていますが、私の経験ではそんな人は暁天《ぎょうてん》の星です。私が愛知県と各市の教育委員会へ提出した請願書に対する教育委員の言い逃れを聞けば明らかです。彼らは、国の検定を通っているからとか、記述は自分の責任ではないとか、あるいは黙殺《もくさつ》するとか、最初から最後まで逃げまくり、私の主張に対して一つとして反論がありませんでした。教育委員の大方は教育委員会の役人が探し出して来た操《あやつ》り易い人物です。東京書籍のような程度の低い自虐的な歴史教科書が、大半の市町村で採択されていることがその証左《しょうさ》です。

天皇のことを多く書き過ぎと指摘する人もいらしゃるでしょうが、国民は天皇を敬愛し、天皇は国民に信を寄せるこの紐帯《ちゅうたい》が、将来に亘って我が国の安泰《あんたい》と国民の安寧《あんねい》に欠くべからざる本源と考えているからです。

天皇は国民を大御宝《おおみたから》と言い、国民を大切なものとして、いつも御心に懸けて下さっています。明治天皇に続く天皇だけではなく、神武天皇以来ずっと、僅かな例外を除いて、代々このような天皇ばかりです。このことを不思議なことと思っていました。私の考えた結論は左の通りです。

初代の神武天皇から初めて、代々の天皇は祖先神に当たる天照大御神様から、民を慈《いつく》しめと神勅《しんちょく》を受けています。天皇は民を慈《いつく》しむことが、天皇の天皇たる資格であるとお考えになっているに違いありません。天皇は、天照大御神とその子孫の神々や歴代天皇に対し奉《たてまつ》って、月に数度も宮中三殿に御親拝《ごしんぱい》になって、その度に神に祈り、かつ御身に誓っていらっしゃるものと拝察申し上げます。天皇が民を慈しむ定めは、人が作った憲法や国民との契約などという移ろい易い約束ではありません。天照大御神始め歴代天皇に向って絶対に背くことのできない直系子孫としての誓約です。

昨今、我が皇室の永続のために女系天皇容認論が世に出現していますが、如上の通り、民を慈しむお祈りとお誓いは、男子直系子孫である天皇の、そのご先祖である神々や歴代天皇に対する誓約です。もし女系天皇を容認するならば、王朝名は神武王朝から変わり、お誓いする父祖ではなくなってしまいます。イギリスではチャールズ皇太子が王位に就《つ》くと、イギリス政府はその時に新王朝名を発表します。日本は、男系による万世一系の天皇が天皇であり、女系天皇になった瞬間から日本が日本でなくなります。

天皇の第一の御務めを、太上皇后陛下が「天皇とは祈る存在」と仰《おお》せになられました。祈りにどれだけの力があるのかと不審《ふしん》に思う人もいるでしょう。祈りは現実に力を発生します。竹田恒泰《つねやす》様から、次のようなお話を伺《うかが》ったことがあります。記憶を頼りに書きますので、文責は全て私にあります。

天皇（太上天皇）陛下が硫黄島《いおうとう》に行幸《ぎょうこう》され、戦歿《せんぼつ》将兵を御慰霊《ごいれい》遊ばされた時のこと。硫黄島に駐屯《ちゅうとん》している自衛隊員が不思議な怪奇《かいき》現象を体験している。例えば、冷蔵庫の中にある水の容器が夜中にカタカタと音を立てるとか、人の叫び声が聞こえるとか、説明不能のことが数々《しばしば》起きていた。しかし、陛下のご訪問の後、その不思議な現象がぴたり止《や》んだ。

天皇陛下は不可思議な神力《じんりき》を身に備えていらっしゃいます。竹田恒泰様主催の台湾研修旅行に参加した時、「天皇は、宮中に密《ひそ》かに伝えられている秘法などを修行して、そのようなお力を修得なさるのですか」とお訊ねしました。竹田様は「それは違う、天皇は天皇になった時に、そのような力が自然に身に備わるのだ」と御教示下さいました。この世には、人智では量り知れない不可思議な世界がありますす。そのような世界を無闇《むやみ》に否定しない姿勢こそ、教育勅語に言う「恭儉己《きょうけんおの》レヲ持《じ》シ」という謙虚で分別を弁《わきま》えた姿勢ではないでしょうか。

代々の天皇は、神々や歴代天皇に対し奉り、国民を大事にすることを年に二十数回も正装に身を正し、祈っていらっしゃっています。そのような元首の存在は奇蹟です。天皇は民・国民を大御宝《おおみたから》と仰せられていますが、国民も天皇を大御宝と申し上げるべきです。これが我が大和民族の伝統、決して忘れてはならない民族の記憶です。

最後に、文章表現や誤字や脱字など添削に協力してくれた家内啓子《あきこ》に感謝します。又、無名の私の拙稿を刊行して下さった展転社に心から御礼申し上げます。

筆を擱《お》くに当たって、御製を掲げます。

明治天皇が日露戦争が終った、次の年にお詠みなった御製を再掲します。

國のためうせにし人を思ふかな暮れゆく秋の空をながめて

昭和天皇の古希《こき》（宝算《ほうさん》七十歳）の時の御製。

ななそぢを迎へたりけるこの朝も祈るはただに国のたひらぎ

よろこびもかなしみも民と共にして年はすぎゆきいまはななそぢ

井上寛康（いのうえ　ひろやす）

昭和21年愛知県生まれ。

昭和40年京都大学工学部数理工学課入学、46年修士課程卒業。

同年三菱重工業入社、同社を定年退職後、設計会社タマディック勤務、平成20年退職。

その間、各種保守運動に参画、現在新しい歴史教科書をつくる会愛知県支部事務局長。

亡国の歴史教科書

東京書籍は「民族の記憶」を忘れさせる

令和三年十月五日　第一刷発行

著　者　井上　寛康
発行人　荒岩　宏奨
発　行　展　転　社
〒101-0051　東京都千代田区神田神保町2-46-402
TEL　〇三（五三一四）九四七〇
FAX　〇三（五三一四）九四八〇
振替〇〇一四〇―六―七九九九二
印刷製本　中央精版印刷

乱丁・落丁本は送料小社負担にてお取り替え致します。

定価［本体＋税］はカバーに表示してあります。

ISBN978-4-88656-529-7